お母さんは心配症!?

ヒヨくんあっくん
育児日記

お母さんの名前：やまもとりえ

子の名前：ヒヨくん（3才）あっくん（0才）

やまもと家の場合。

はじめまして
やまもとりえと申します
2人の子どもの母親です
親になって
もう4年ですから
たいていのことは
余裕で対処できます

たとえばこんな時も
マ゛マ゛ー
あらあら よゆうで対処しちゃうわよ
聖母オーラ
どうしたの?
マザーに言ってみ?
ピアアア
ぷぎぃー
大声対決
ギアアア
キエエエ
うるっさいわっ

ああ……
今日も結局
怒ってしまった
ぐー
しかも
自分が
一番うるさかった
ぐー
余裕って
いつ生まれんの
ちら
スヤア…
可愛いなぁ…
今日も1日
可愛かったなあ

逆に言うと それ以外なにもありません（子育て情報とか）。

もくじ

第1章

お母さんは里帰り中！

しっぽり

2017 5月19日(FRI)-9月2日(SAT)

第2章

お母さんは奮闘中！

2人目育児

2017 9月4日(MON)-2018 3月30日(FRI)

第3章 お母さんは登園拒否と格闘中！

2018 4月3日(TUE)-8月3日(FRI)

YAMAMOTO FAMILY

やまもと家人物紹介

PEOPLE INTRODUCTION

やまもとりえ

イラストレーター。２人の息子の子育てに奮闘中！

この感じ…
久しぶり…

きたよ

トモヒト

４才年下の夫。やまもと家を穏やかに支える一家の大黒柱。

ヒヨくん（3才）

マイペースな長男。最近よくボケるが、家族以外に伝わらない…

…

あっくん（0才）

めったに泣かない次男。親方気質のジャイアントベビー！

トンちゃん（6才）

やまもと家の長女。夫婦を導いたキーニャーソン!?（猫）

第1章

しっぽり

お母さんは里帰り中!

2017

5月19日(FRI)-9月 2日(SAT)

お母さんは妊娠中！

なんとなーく
気もちが悪くて
なんとなーく
頭痛がするな
と思っていたら
2人目の
子どもを
妊娠
してました
「2人目ほしいね」と
話していたところだったので
夫も私も
とてもとても
喜びました
やっほっほ
わからず参加

それにしても今回は
つわりが軽そうでよかった〜
ちょっと気分悪い程度
なんて余裕ぶっこいてたらすぐに
オエェ…
吐き袋常備
立てないほどのつわりに発展
水を飲んでも吐くので
もちろんご飯も食べられず
…
点滴で栄養をとり
…
その頃ちょうど夫の実家にいたので
夫と義母に息子のめんどうをみてもらいました
役立たずでごめんなさい…
ポロポロ

その後も
気管支炎
ママ？…
副鼻腔炎（重度）
いたすぎて うごけない
ママ？…
膀胱炎（軽度）
ママ？
等々
健康な時期が
ほとんどなく
ママ？、
基本姿勢
1人目のとき、こんな大変だった!?
明らかに
落ちている
体力（免疫力？）に
ボーゼンと
しつつ…
こんな状態で 2人目が 産まれて 大丈夫なの!?
ママ？
という不安が
よぎりました

この長男を育てた
これまでの時間を
ママ?
あの新生児の頃の
夜中の授乳を
なかなか寝ない
1才児の時も
うわあん
大変だった
イヤイヤ期も
うっぎゃあああぁ
無になる
また同じ道を
この体力で
歩けるのだろうか…
ママ?…
ママ?

あちゃちゃ
(赤ちゃん)
うれちーねー
(嬉しいね)
じわ
うれしーね
うれしーね
その時 私の
頭の中に
浮かんできたのは
長男がはじめて
立った日のこと

名前を呼んだら
はじめて
ふり返ってくれた時の笑顔
はじめて
ママ
って言った日のこと
あんな幸せを
また
もらえるのかな

お…なんか
ムクムク
元気でてきた
単純…
ありがとう
息子たち
っていうか ウジウジ 言ってても しかたないし
急に冷静
ママ？
産んだら 育てるっていう 一択なんだから
泣いてるヒマあったら 今後の働き方を 考えていこう
時間ないし
デジタルも 取り入れて いこうかなー
こんな感じで 私の不安は すぐに解消したけれど

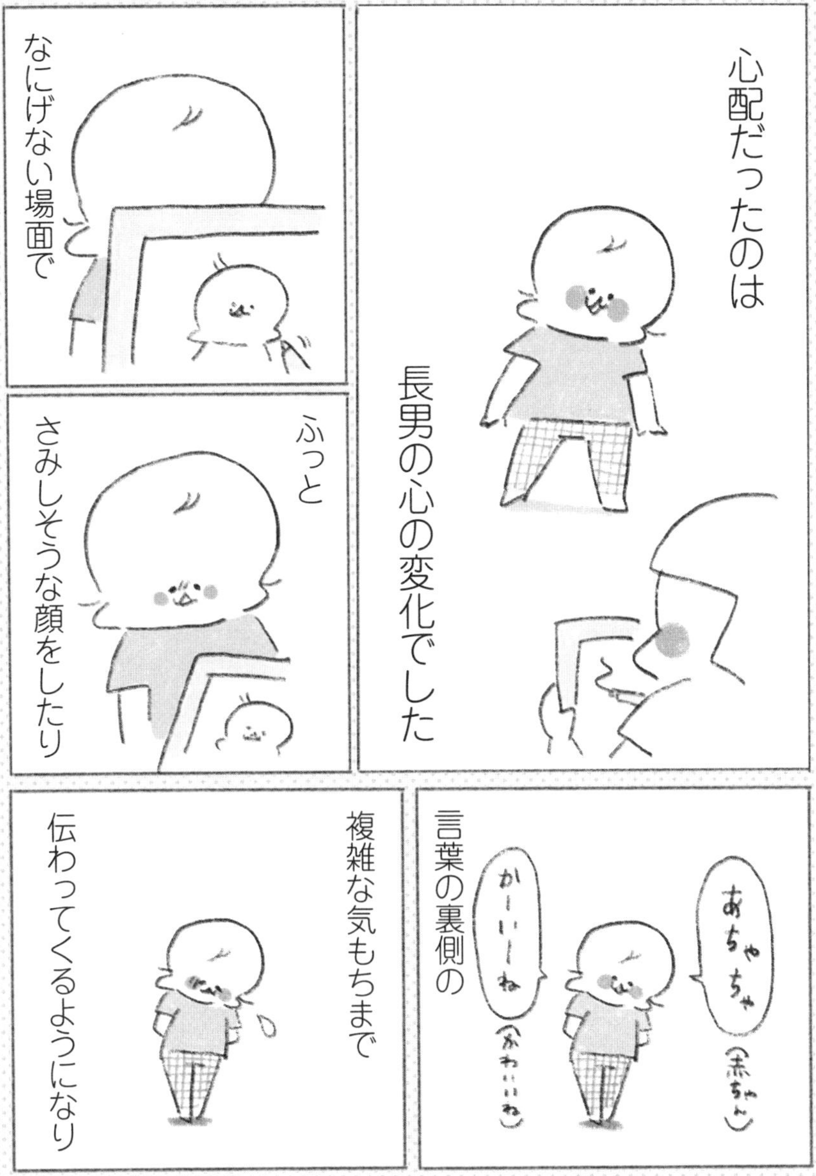
心配だったのは
長男の心の変化でした
なにげない場面で
ふっと
さみしそうな顔をしたり
あちゃちゃ
(赤ちゃん)
かーいーね
(かわいいね)
言葉の裏側の
複雑な気もちまで
伝わってくるようになり

私も
ときどき胸が
苦しくなっていました
2才の子でも
こんな表情
するんだなあ
大人とそんなに
変わらないじゃ
ないか…
気づかぬまま
通りすぎるとこだった
おいで
そりゃそうだよね
不安だよね

2人目が産まれるのが不安なのは
私だけじゃないんだね
ヒヨくん
ヒヨくんが
赤ちゃんの名前
つけてみる?
茶色くん
却下しました

鹿児島に里帰り
してからは
大好きなパパと離れて
より不安定に
なっていった長男
パンを食べてたと
思ったら
突然泣き出したり
うっ
パパぁ
2人でがんばろ
と言うと
やだ
と言って泣き
そうかと思えば…
ねぇママ…
ヒヨママと2人でがんばってみゆ

←次ページから里帰りする少し前の日記がはじまります。

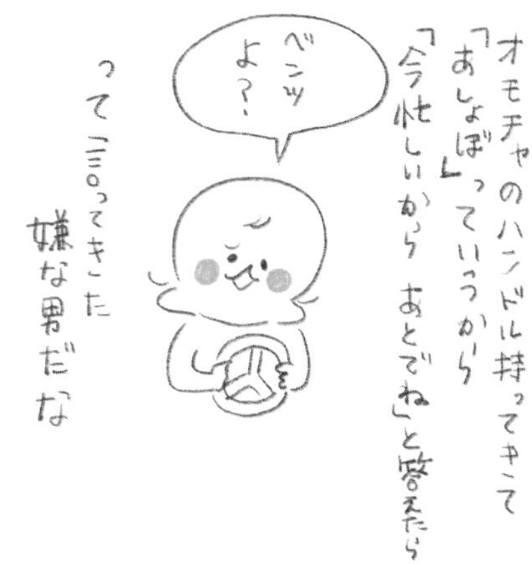
オモチャのハンドル持ってきて
「あしょぼ」っていうから
「今忙しいから　あとでね」と答えたら
ベンツよ?
って言ってきた
嫌な男だな

5月19日 (FRI)

ベンツと言えばついてくると思ってるんか

休日出勤したパパさんが
「夕方には帰るよ」って言ったら
ゆうがたがっ
しゅきー!!!
(夕方が好き)
って泣いてました。

5月20日 (SAT)

これにはパパも笑ってました

「おフロ入るよ」って誘うと
あーー
ペコ
もう
ちょっとだけ
あしょびましゅねー
(もうちょっと遊びますね)
とても
丁寧に
断られました

5月21日 (SUN)

タラちゃんみたいな綺麗な敬語でした

パパさんが寝る前に
「実はな、パパ明日も
仕事やねん」って言ったら
またー?!
すんげー
驚いて
ました。
知らないだろうけど
ほとんどの大人がそうなんだ

5月22日 (MON)

大人ってだいたい働いてるねん

5月23日（TUE）

急におっさん化

5月24日（WED）

「ご飯たべたか？」くらいのノリでした

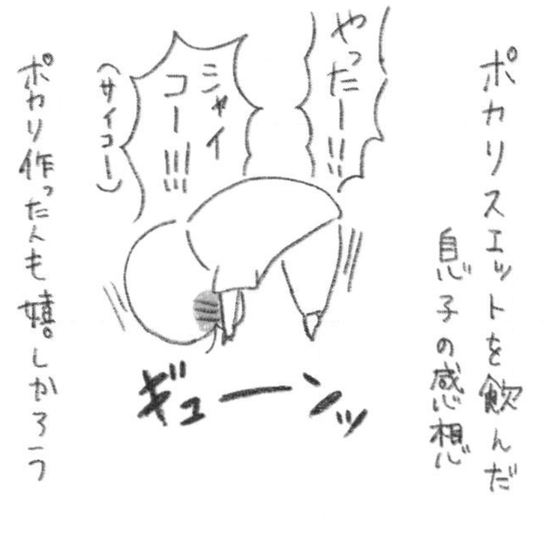

5月25日（THU）

ポカリの CM お待ちしております

5月26日（FRI）

個人情報ダダ漏れ

耳鼻科にて
あのねー
トランシュホーマー
ドライブシト
デテチテテ
プッチリ
ちたでちゅ
なあ
この子
何言うてるん
「トランフォーマーでドライブする人が
出てきてビックリしたです」
って言ってるけど 意味はわかんないです

5月27日（SAT）

「ビックリ」を「プッチリ」って言う

食事中に寝ちゃった息子に
ケーキ
いる人ー？
って聞いたら
サッ
手だけ反応してました

5月28日（SUN）

ほんとは起きてるだろ

疲れたなーって時
ホグホグ
ホグホグ
息子がごはん食べてる動画を
観ると「母ちゃんがんばる」って思える

5月29日（MON）

なによりのお薬です

おまえら
ぼーち(帽子)
かぶりまちたか？
上の句と下の句の差が激しい

5月30日（TUE）

上から目線な紳士登場

スーパーで迷子になり
初迷子記念日
あ、ママ
連行されて帰ってきました…
寝る前に「今日は何があったっけ？」って聞いたら
ママ迷子なったねー
あぁ〜私の方だったのか〜

6月 1日（THU）

自分が連れて行ってると思ってたのか

なにがきっかけなのか
ママ
何してるったい
こっち来るったい
語尾に「たい」をつけるように

6月 2日（FRI）

九州からいらっしゃったのかな？

別に何の記念日でもないのに
ガタッ
おめでとー!!
って言う
こんなに毎日がスペシャルなのは君か竹内まりやくらいだ

6月 3日（SAT）

その精神、見習いたいよ

天保山のレゴランドにて
レゴ教室での息子
先生
次は一
このブロックを
タイヤにつけます
にゃるほど
「レゴ界のエリート育成所」
のような気迫がありました

6月 4日 (SUN)

「オレがレゴ界を牛耳る…」って顔

急に
ママ
ギューちて
「なんてかわいいのー」ゆうて
彼女みたいなこと言う

6月 5日 (MON)

もちろんギューちまちた

「パパ明日も仕事やねん」って
また言ってみたら
さいご
でしゅよ?
「これで最後だぞ」
あさっても仕事だなんて言ったら
ボコボコにされるんじゃ…

6月 6日 (TUE)

猶予をもらったパパ、次回どうなる…?

「ひざまくらして」って横になったら
えっ
えっ
えっ
えっ
えっ
えっ
必要以上に照れてました

6月 7日 (WED)

リアクション見たさに何度もやっちゃう

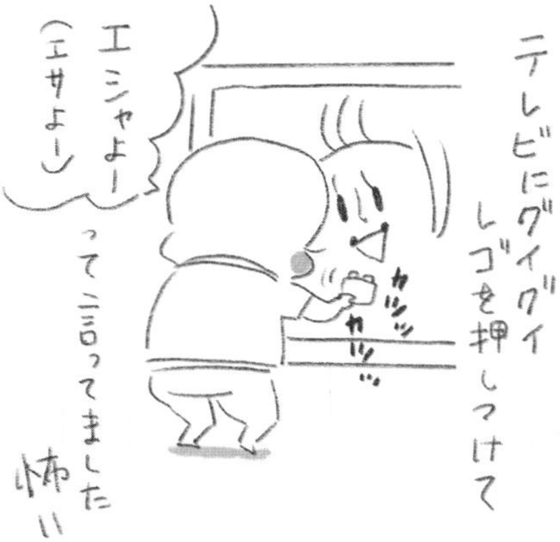
テレビにグイグイ
レゴを押しつけて
ガッッ
ガッッ
エシャよー
（エサよー）
って言ってました
怖い

6月 8日（THU）

「エサ」って…

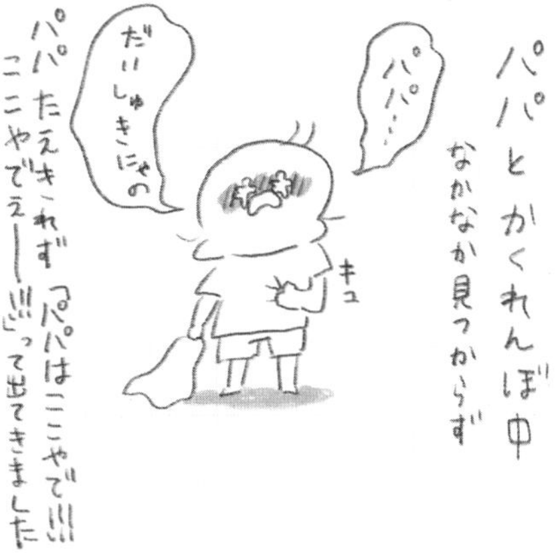
パパとかくれんぼ中
なかなか見つからず
パパ…
だいしゅきにゃの
キュ
パパたえきれず「パパはここやで!!!ここやでぇー!!!」って出てきました

6月 9日（FRI）

パパが好きすぎてかくれんぼにならない

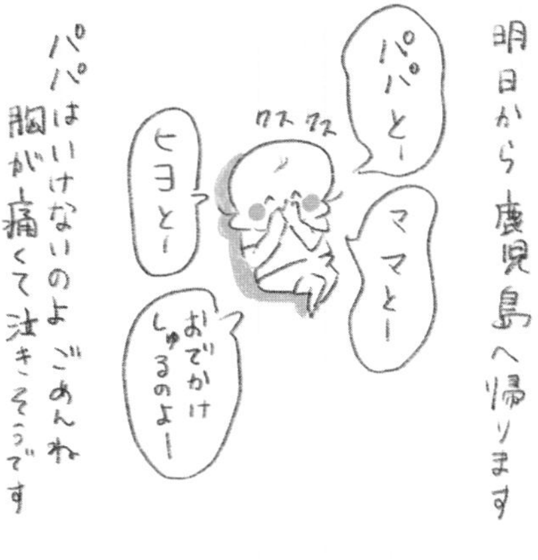
明日から鹿児島へ帰ります
パパとー
ママとー
ヒヨとー
おでかけしゅるのよー
クスクス
パパはいけないのよ ごめんね
胸が痛くて泣きそうです

6月10日（SAT）

里帰り出産のため鹿児島へ帰ります

息子が「つながっていこー」と言うので
3人で手をつなぎ
新幹線のホームまで歩いていきました

6月 11日（SUN）

里帰りの日、もうすぐパパと離ればなれ

はなればなれ①

泣いたのは私の方でした。

ずーーーっと
じーじに車の説明してる
こえはキャラバン
ハスラー
ニッサン
トヨタアワアよ
あんたは車博士じゃ

6月11日（SUN）

私の日課を父が引き継ぎました

昨日はじーじと野球をしたのが楽しかったみたいで
バットと一緒に寝てました

6月12日（MON）

ぬいぐるみのように抱いてました

パパから電話で「じーじとばーばの言うことをちゃーんと聞くんやで」と言われた息子
あい
漢の顔に

パパにテレビ電話
もじ　もじ
すぐ帰りゅからネーまっててねー
めっちゃ照れてました

6月13日（TUE）

パパからの電話が嬉しすぎて、漢《おとこ》になったり彼女になったり、忙しいやっちゃ

じーじと散歩から
帰ってきた時
ママに
プゼゼンド
(プレゼント)
父の仕込みとわかってても
めちゃくちゃ嬉しかったです

6月14日(WED)

嬉しくてコップに飾りました

息子が「ママだいしゅき」って言うのに
対して「ありがとう」と応えてたら
「ありがとう」
じゃなくて
「好き」って
言って…
ビール
今度は父が
彼女モードに…

6月15日(THU)

彼女が2人になりました

バーバが
「ジュースちょうだい」って言ったら
バーバ
ちゃんと
くちで飲んでネ♡
バーバをバケモンかなんかと
思ってんのかな

6月16日(FRI)

口以外で飲む生き物だと思ったのかな…?

寝る前にかならず
聞いてくる質問
パパ
いちゅ来る?
「たくさん寝たらだよ」って言うと
安心して眠りにつきます

6月17日(SAT)

パパに早く会いたいね

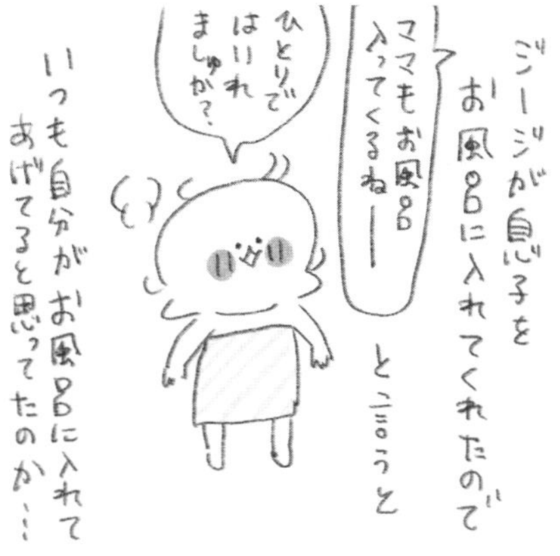
ジージが息子を
お風呂に入れてくれたので
ママもお風呂入ってくるねーー
と言うと
ひとりではいれましゅか？
いつも自分がお風呂に入れてあげてると思ってたのか…

6月18日 (SUN)

いつもありがとうございます…

お仏壇に何か話しかけてるなー
と思ったら
ちょっと
ボソ
いただきましゅね〜
ボソ
はーい
まんじゅう泥棒でした

6月19日 (MON)

行儀のよい泥棒です

生まれてはじめて傘をさしました
あめだいしゅき!!
(雨大好き!!)
あめだいちゅしゅる!!
(雨抱っこする!!)
嬉しくてしかたないご様子

6月20日 (TUE)

なんだか絵本の中のシーンみたいでした

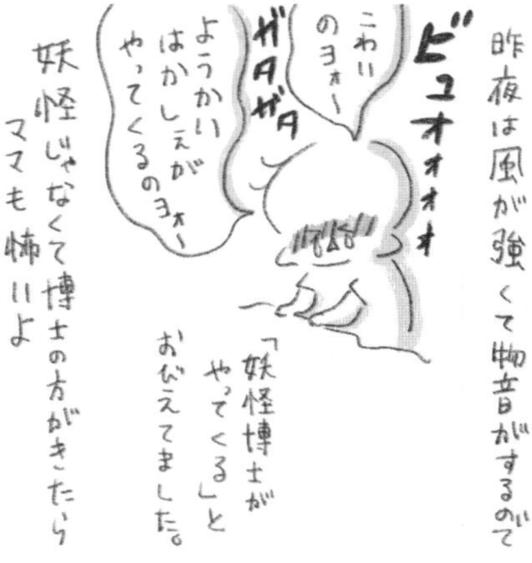
昨夜は風が強くて物音がするので
ビュオオオオ
ガタガタ
こわいのヨォ〜
ようかいはかしぇがやってくるのヨォ〜
「妖怪博士がやってくる」とおびえてました。
妖怪じゃなくて博士の方がきたらママも怖いよ

6月21日 (WED)

いや、妖怪も怖いけどね

アンパーンパーンチ
シュ
パンが1個多いね

6月22日（THU）

増えたパンは明日の朝ごはんに

突然
ママはー
ヒヨが守るから
だいじょぶよ
とか言いだす。母、泣く

6月23日（FRI）

少し前までお喋りもできなかったのに…

「赤ちゃんの名前なにがいい？」って聞いたら
茶色くん
「赤ちゃん」の「赤」に引っぱられてんのかな？

6月24日（SAT）

何度聞き返しても「茶色くん」でした

今日はやたらとぐずるので「なんでそんなにぐずるかね」と聞いたら
しゃみしいのヨ
これを言われると弱いです・・・

6月25日（SUN）

赤ちゃんがえりの兆候でした

2017.6

6月26日（MON）

この夏のハイライト！

6月27日（TUE）

すごい前衛的な仕上がりになりました

6月28日（WED）

内緒話に憧れるお年頃

6月29日（THU）

本当は自分が怖いのに

大人用のハミガキ粉を使いたがったので
ヒヨくんは赤ちゃん用を使おうね
とバーバが言うと
ちがうでしょおにーちゃんでしょ?
はぁ!
赤ちゃんおなかでネンネしてるでしょ?
「わかってねーなー」という感じで答えたらしい
実家の電話に勝手に出て
もしもし
パパでしゅか?
って言ったらしい(母談)
パパ来週くるよ!!

6月30日(FRI)

どちらも母から聞いた話だけど、簡単に想像できました(いつもこうなので)

恋しいだろうと思って電話かけたのにパパが何を聞いても
わかんにゃい
わかんにゃいでしゅけど
わかんねーよ
↑最後キレぎみ
パパ「サンドウィッチマンかと思った」

7月 1日(SAT)

まさかのパパへの塩対応(しかもキレ気味)

寝る前に急に
ママ足あるから虫じゃないヨ
知ってる。ありがとう
(ちなみに虫にも足あるよ)

7月 2日(SUN)

めちゃくちゃ優しく言ってくれました

息子がトイレに入り、耳をすますと
どーしゅる？
ぶっ…
ぶっ…
どーしゅる どーしゅる
ぶっ…
私は中に入れてもらえません
なぜかいつも自分に問いかけながら用を足してます

7月 3日 (MON)

いろいろ考えながら用を足してるのかな

「何食べたい？」って聞くと
白いごはんくだしゃい
白いやちゅ
食べさせてないみたいだからやめて

7月 4日 (TUE)

おかずよりご飯派（パパ似）

悪ふざけがすぎたので叱ったら
マッマッ
こんなっ大しゅきからっ
おこったアカンっ
手でハートを作りながら
笑ってしまって怒れなくなる

7月 5日 (WED)

手でハート作ってくるとは…

ママー
アメディカほちい
（アメリカ欲しい）
ママにも無理なことはあるって早めに知っていただかないとな

7月 6日 (THU)

ママは何でも買えるわけじゃないんだ

パパとバァバがやってくる!

今日はだんなさんと義母が
鹿児島にやってきます♪
ここえとー
ここえとー
パパに見せるオモチャを
選別中

1.

パパとバァバ(義母)が
もうすぐ着くよと教えると
やった
やった
やった
ピョン
ピョン
嬉しいのを全身で表現してました

2.

パパと久しぶりの再会は
こっちが恥ずかしくなるくらい
照れていました
目を合わせられず
顔をかくす
(手はつなぐ)

3.

寝る前
パパともっとくっちゅけていい?
枕をくっつけて(むしろ重ねて)
眠りました。
おやすみ

4.

今日 一日中こんな感じで
パパ
パパ
だいしゅき
ベッタリくっついて離れませんでした

5.

7月 8日 (SAT)

息子は目も合わせられないくらい照れていて、パパも真っ赤になって笑ってました

そして、また、お別れ

またパパと離れるとわかってるのか
「バイバイ」とか「おしまい」という
言葉に敏感になっていて
(水族館にて)
イルカさんにバイバイは?
聞くだけで目に涙をいっぱいためていました
1.
パパとお別れのとき
「バイバイ」と言わず
「また来るね」と言ったけど
洋服をひっぱりながら泣いていました
2.
こんなに泣いたのはいつぶりかわからないほどワンワン泣いて
泣きつかれて眠りました
3.
オモチャをねだられて思わず「高いな…」ってつぶやいたら
あっ…
もっとちいしゃいのにしましゅネ
「小さい=安い」と思ってる
気をつかわせて、ごめん…

7月 9日 (SUN)

「行かないで」とも言わずただただしがみついて泣く息子の姿が目に焼きついてます

次男が生まれた日

7月10日(Mon)

2度目のお産は破水から始まりました。

深夜1時、絵日記を描き終え「さぁ寝よう」と、すでに眠っている息子の横にストンと腰かけた瞬間、お腹の中から「ポコン」とマンガみたいな音がして、「ん?」と思っていると、しばらくしてから子宮口からプチュンと液体が出てきました。

小さな声で「あああっ…」と叫んで、少し震えながら『破水 音』で検索してみたら、やっぱりどうも破水っぽいぞと…。

数時間前まで夫と義母が私の実家に会いにきてくれていて、お別れの時に「今夜産まれたらどうする?」「満月だしね」なんて冗談で言ってたのが、どうやら本当になりそうだと夫に慌てて連絡をして、その後、病院に電話をすると「すぐに来て」とのことだったので準備していた入院セットを持ち、息子に伝えるか少し悩んだけれど、大好きなパパとの別れで泣き疲れて深く眠っていたので、そのまま起こさずに母と2人で病院へむかいました。

病院に着くと助産師さんが車イスを持って迎えにきてくれたのですが破水はしたものの陣痛はまったくなかったので、なんだか申し訳なくて「あの…自分で歩けますが…」と立ち上がろうとすると「へその緒が出てきてしまうこともあるので乗っててくださいね」と、イラついただろうに優しく返してくれました。(この助産師さん、最後まで優しかった)

1人目の時はお産に2日かかったので「今回も長

丁場だろう」とゆったり構えていたら、最初の陣痛がきてからは割とあっという間に子宮口は開いていき私も意外と冷静で、お腹の子に声をかけたり、産まれる寸前に夫に「産まれます」とLINEを打ったりもできました。（というか、分娩台でスマホ持っててもいいなんて知らなかった）（最後のいきんでる時に夫から返信が来てシュールな光景に）

産まれてきた次男を腕に抱くとずっしりと重たくて、その存在感に「この子がさっきまでお腹にいたんだなぁ」なんて、初めてでもないくせに不思議に思ったり。

そしてなにより次男の泣き声が可愛くて可愛くて、一生懸命泣いてる姿にちょっと感動したりなんかして。少しの間余韻に浸っていました。

その後、分娩台で朝ごはんを食べていると（腹ペコだったので）両親と長男がかけつけてくれました。

長男は赤ちゃんを見ると少しギョッとしつつそれを隠して「赤ちゃん可愛い、ヨシヨシしたげる、優しいゆうて」と、言いながら恐る恐る胸のあたりを撫《な》でていました。

それから私の方に寄ってきて「ママ、大丈夫？」と私の心配も。

お昼になると、前日大阪に戻っていった夫がまた大量のポカリを持ってかけつけてくれました。（夫は風邪など何かあると、必ずポカリを大量に買ってきてくれます）

夫は次男を抱っこして、2人でたくさん話をしました。

（ちなみに次男は夫が声をかけると泣きやんで、私が話すと泣き出しました。なんやねん）

消灯時間の21時になっても、興奮でなかなか眠れず。

明日から母子同室だから、ゆっくり眠れるのは今日だけなので心を落ち着けるため絵日記を描いて、23時に無理やり目を閉じて眠りました。

2回目のお産は破水からはじまりました
夜中1:30頃
ポコンッ
水風船が割れるような音
その後子宮口からプチュンと液体が少量出てきました
1.
「破水かな？」と思いつつ全然陣痛もきてないので
これは…
どうしたら…
迷ってるうちに次から次へと液体は出てくるので母を起こして病院に…
2.
病院に着くと
破水です。
←羊水なら色が変わる棒
これからどんどん痛くなりますよ
↑こわいことサラッと言う
3.
生理痛くらいの痛みだったのが
ココから
ココくらいまで
0
MAX
ギュイーン
あっという間に（30分くらい？）「眉間にシワが寄る」レベルに
4.
ツイッターのフォロワーさんから聞いていた「陣痛の逃し方」を実践
ふぅ〜
チューリップのお花を咲かせるように息を吐きませう
ふう〜
ふう
ろうそくの火を消すように優しく息をふきませう
これが本当に効果ありでした!!
5.
それから、おなかの中を想像して赤ちゃんにむかって
がんばってるんだねー ママもがんばるわー
えらいえらい イイコイイコ
声をかけてみたらいっきにググッと下にさがりました
6.

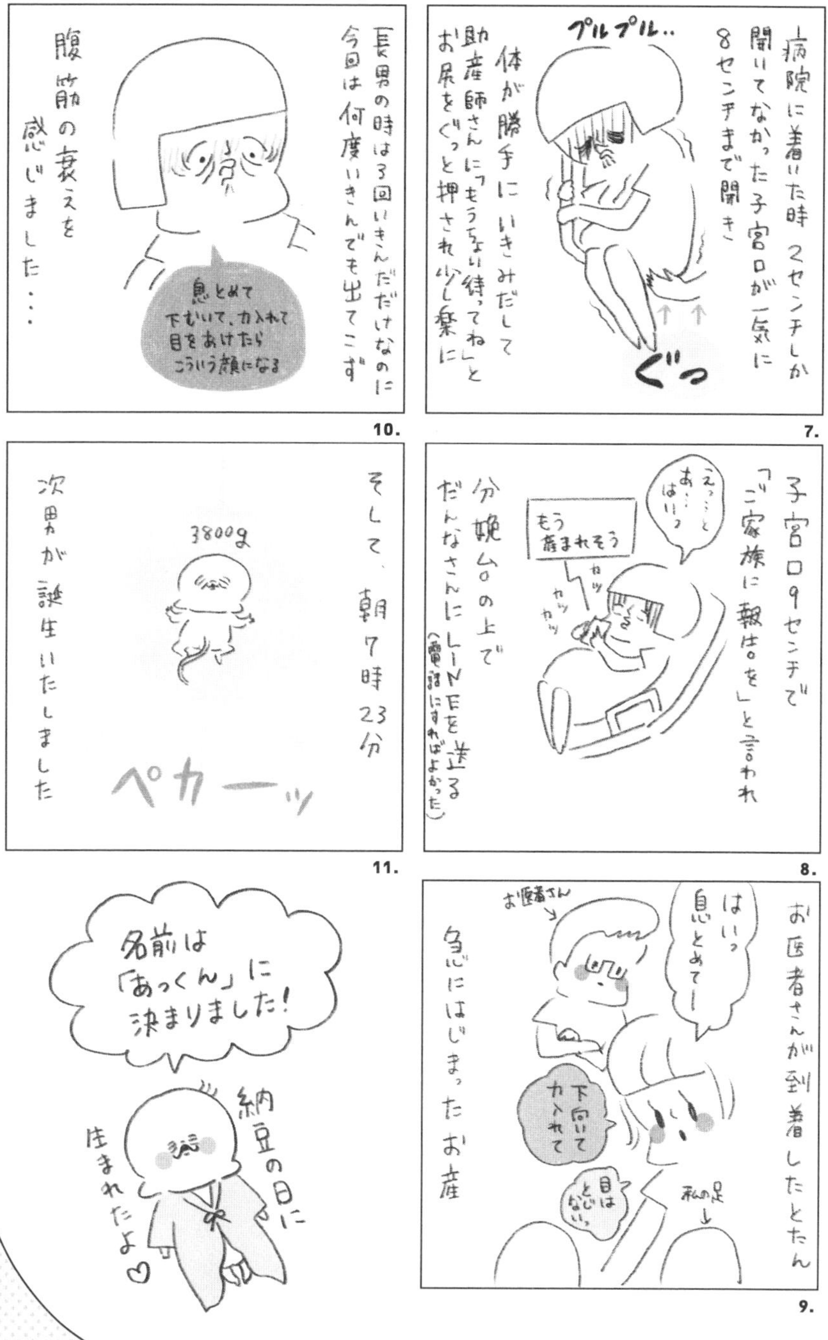
病院に着いた時 2センチしか開いてなかった子宮口が一気に8センチまで開き
プルプル…
ぐっ
体が勝手にいきみだして
助産師さんに「もうちょい待ってね」とお尻をぐっと押され少し楽に
7.
子宮口9センチで「ご家族に報告を」と言われ
えっ…と あ…はいっ
もう産まれそう
カッ カッ カッ
分娩台の上でだんなさんにLINEを送る
(電話にすればよかった)
8.
お医者さんが到着したとたん
はいっ 息とめてー
お医者さん
下向いて 力入れて
目はとじないっ
私の足
急にはじまったお産
9.
長男の時は3回いきんだだけなのに今回は何度いきんでも出てこず
息とめて 下むいて、力入れて 目をあけたら こういう顔になる
腹筋の衰えを感じました…
10.
そして、朝7時23分
3800g
ペカーッ
次男が誕生いたしました
11.
名前は「あっくん」に決まりました!
納豆の日に生まれたよ♡

産後1日目

1.
前日に帰ってしまった
だんなさんが
ホエ
ホエ
また来てくれました。
二度手間ごめんやで
2.
ヒヨくんと赤ちゃんご対面
あちゃちゃ
よしよし
してあげる
やさしいネ〜
自分で言う
3.
入院してる理由を
ママぼーき(病気)
だいじょぶ?
これ飲んだら
ケンコーなる?
お茶
ヒヨと
帰るのヨ
わかりきってないです
4.
体はヨレヨレのボロボロ
なのに気分は高揚
そう、それが産後ハイ

7月10日(MON)

次男が誕生しました！　可愛い次男、どうか幸せな人生を歩んでくれますように

産後２日目

7月11日
ウインク
次男の目がちょっと開きました

1.

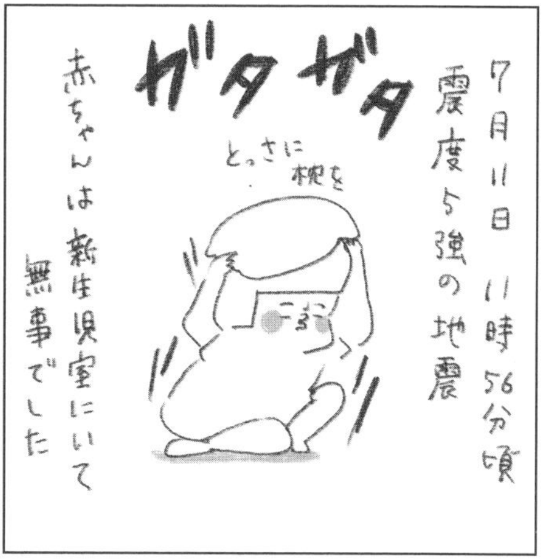
7月11日 11時56分頃
震度5強の地震
ガタガタ
とっさに枕を
赤ちゃんは新生児室にいて無事でした

2.

7月11日 今日から母子同室
カクッ
なぜ新生児は昼間寝てて
夜おきてるのか。
時間配分について説教したい

3.

7月 11日 (TUE)

地震と不眠で産後の体にダブルパンチです。そんな中でも次男のウインクに癒される

産後3日目

7月12日
後陣痛の痛みはなくなったけど
背中の筋肉痛（いきんだ時の）は
まだとれず
うっ
おなかもまだ出てます

1.

次男が泣いてると
オムツをさがす長男
オムチュ
オムチュヨ
ゴソゴソ
ホエ
本当はオムツじゃなかったけど
ありがたくちょうだいしました

2.

次男、う〇こをするときの
「ん゛———」がとても可愛い
ちいちゃくて高い声
ん゛〜

3.

次男にオッパイあげてたら
ジ——っと見てくるので
「オッパイほしい？」って聞いたら
お茶のんでるからいいでしゅ
父が着せたハラマキ
断られました。
変なこと聞いてごめん

7月12日（WED）

長男がはりきってお手伝いしてくれて、なんだか嬉しくなりました

産後4日目

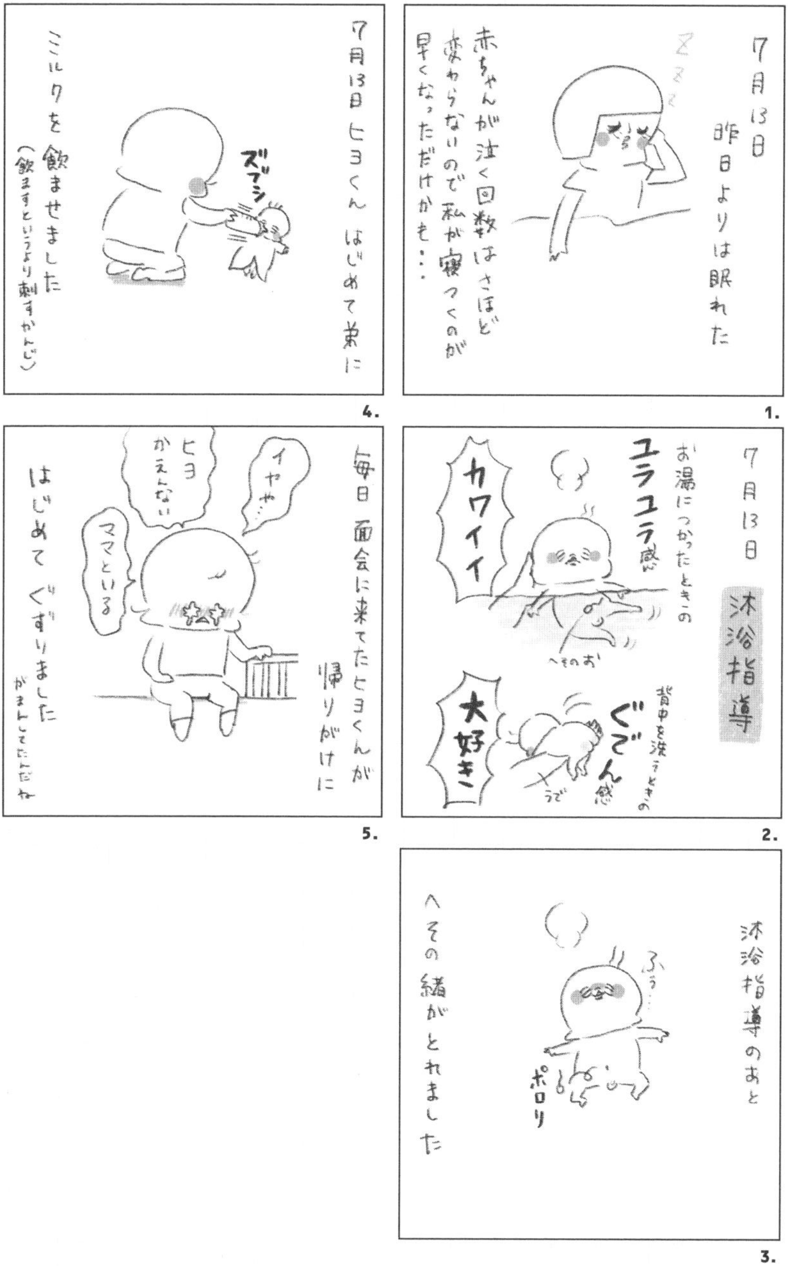
7月13日
昨日よりは眠れた
Zzz
赤ちゃんが泣く回数はさほど変わらないので私が寝つくのが早くなっただけかも・・・
1.
7月13日
沐浴指導
お湯につかったときの
ユラユラ感
カワイイ
へそのお
背中を洗うときの
ぐでん感
うで
大好き
2.
沐浴指導のあと
ふう…
ポロリ
へその緒がとれました
3.
7月13日 ヒヨくん はじめて弟に
ズブシ
ミルクを飲ませました
（飲ますというより刺すかんじ）
4.
毎日 面会に来てたヒヨくんが帰りがけに
イヤや…
ヒヨかえんない
ママといる
はじめて ぐずりました
がまんしてたんだね
5.

7月13日（THU）

とにかくすべてが可愛い次男。はりきってた長男は寂しさが出てきたようです

産後5日目

7月14日、父のみ面会に来た
ヒヨくんを
ママに会わすのは
罪つくりじゃっち
思ったとよ
fish
昨日泣いたのがツラかったらしい(父が)

1.

7月14日 オッパイが張っている
この感じ…
久しぶり…
産後、もっと大きくなると思って
LLサイズの授乳ブラ買ったのに
今めっちゃブカブカで恥ずかしいです

2.

7月14日(FRI)

この数日間、両親も大変だったようで、父は仕事を休んだらしい

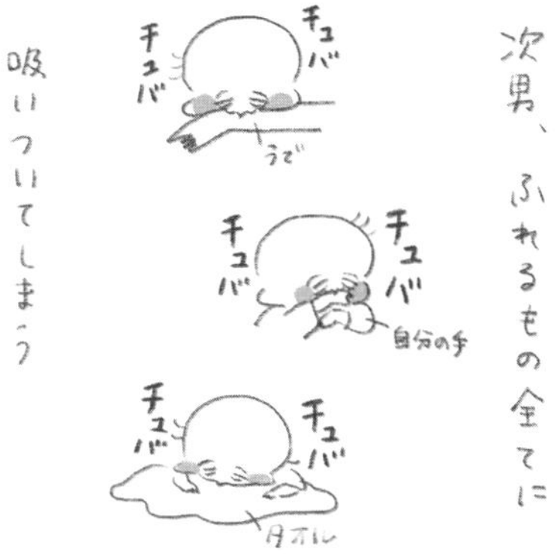
次男、ふれるもの全てに
吸いついてしまう
チュバ
チュバ
うで
チュバ
チュバ
自分の手
チュバ
チュバ
タオル

退院の日

退院した日
ママもかえるの？
ポンポンなおっちゃ？
（おなか治った？）
パァ
帰りを喜んでくれる存在のありがたみよ…

1.

私に抱きつきながら
だいしゅきよーって言ってみてくれる？
ギューしたいよーって言ってみてくれる？
↑言いまわしに成長を感じる
お久しぶりの彼女モード

2.

退院して実家へもどり
ジージーバーバー
よいせっ
これあちゃちゃでしょよー
ぐにゃり
どわーーっ
油断できない生活のはじまり

3.

寝かしつけのとき次男にオッパイあげてたら
ママ…
こっちきて…
ふ
となりのふとんから小さい声で呼ばれる

4.

7月16日（SUN）

よほど寂しかったのか、私にベッタリな長男。次男のお世話もしたいようでヒヤヒヤな生活のスタート

兄の葛藤

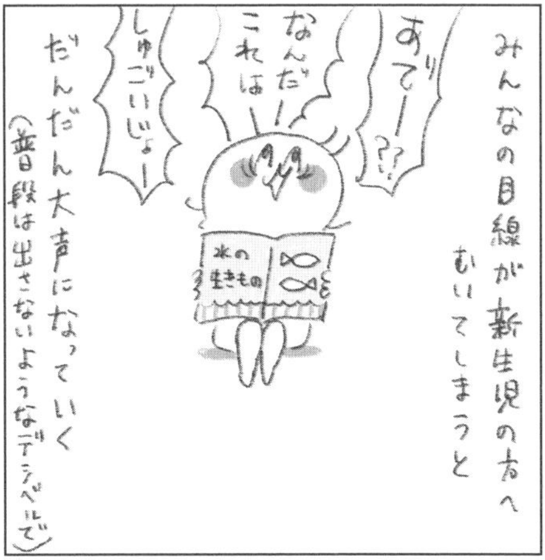
みんなの目線が新生児の方へむいてしまうと
ありてーー??!
なんだこれは!!
しゅごいじょーー
水の生きもの
だんだん大声になっていく
(普段は出さないようなデシベルで)

1.

数日前から泣くのをこらえるとき
笑ってるような泣いてるような複雑な表情をするように・・・
嫌なときタオルをよくにぎってます

2.

「泣いてもいいんだからね」と言うとわんわん泣きだして
ああやっぱり小さくても兄というプレッシャーはあったのかなと思いました

3.

抱きしめたら
赤ちゃんいるでしょ
と言ってジタバタしてたけどそのまま眠りました

4.

7月18日(TUE)~19日(WED)

この頃の息子の表情はたぶん一生忘れられません。いろんな気持ちが溢《あふ》れていました

試し行動

次男が生まれて
長男は
喜んだ反面
淋しくも あったようで
「試し行動」という
わざと怒らせるような ことをするように なりました
ものを投げる
キライ
B-CASカードをひっこぬく
なるほど… これで愛情を 試してるのか…
育児
てことは…
愛してるって 伝えればいいのでは…
ポン
ヒヨくーん
大好きだよ～ だ～いちゅき
スキスキー
バッ
バッ
いってぇ!!
なんだよ… 人がせっかく…

私も出産したてで疲れていたのもあり
ママキライ
またか。
適当にあしらうようになっていきました
はいは〜い
了解で〜す
すると事態は悪化
ママ
ママ…
夜泣きをしたり逆にワガママすら言わなくなったり…
…
このままではダメな気がする…
じ…
その日から
「悪いことは悪い」と伝えた上で
「それでもあなたが大事」と伝えつづけました
それが正しいかは正直わかりませんが
息子は少しずつ元に戻っていきました
1つだけ息子を
えらいなあと思っているところは
1度も弟のことを
あっくんかわいい
「嫌い」と言わなかったことです

不思議と弟にだけは優しかった

仕切る長男と動かぬ次男

わざと怒らせるようなことをする
「試し行動」というものが
愛を試すためとかなんとか
あちゃちゃかわいーね！
ちっちゃいねー
3日ほど続いたあと
ピタリとおさまりました

1.

かと思えば
ママ、はやくオッパイあげなしゃい
ちゃんとだっこしゅるのよ
ジイジは寝てなしゃい
↑大きなお世話
急に仕切りはじめました

2.

一方　その頃　次男は――
・・・・
・・・・
めちゃくちゃ大人しい・・・
↑起きてます

3.

7月22日（SAT）

試し行動のピークは３日間でしたが、完全に無くなるのには数ヵ月かかりました

7月23日（SUN）

「おかあさんといっしょ」をはじめてまともに観た父
オレは今まで知らんかった…
あれはよか番組じゃ…
はぁー
ビール
よう考えられちょる…
めっちゃ気に入ってました

わかったからまずは服を着て？

次男の写真。
ねてる
おきてる
←ねてる
おきてる
たまにアクロバティック

背景しか変わってないように見える

いとこのお姉ちゃんが遊びにきて
えーとー
えーとー
これは蚊取りしぇんこーでしゅっ
（ノーマット）
イスもありましゅっ
突然のティーンエイジャーの出現にめっちゃテンパッてました

いつも30代以上としか接してないから

産後10日のカラダ
うつぶせで眠れる!!
貧血も息ぎれもなし!!
はしれるとべる
おなかの大きさが戻ってきました（皮はまだ伸びてます）
どうやったら元に戻るの…
むくみもとれました（体重は戻りきってません）
がんばります…
とにかく体が軽い

本当に体が軽くてスキップしちゃいます

7月24日（MON）

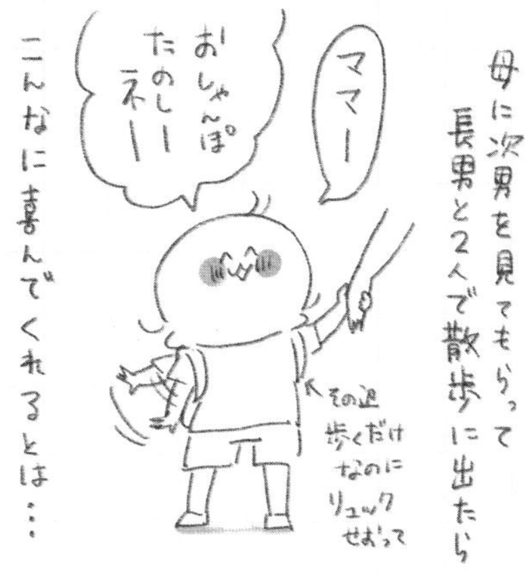
母に次男を見てもらって長男と2人で散歩に出たら
ママー
おしゃんぽたのしーネ〜ー
こんなに喜んでくれるとは…
その辺歩くだけなのにリュックせおって

今まではこれが普通だったのにね

かいじょえてんぐが
外におる…!!
パパパ
がぞえてんぐDVD

親子でだいすけお兄さんファンなもんで

一方その頃弟は――
ちゅわー
1ミリも動かんかったわ
(母)

次男は本当によく眠る子でした

目がパッチリしてきたねー
(父)
キュー
あらっこっち見て笑った!!
(母)
ジジババのフィルターがすごい

ジジババが嬉しそうだと私も嬉しいよ

危険人物

ちょっと目を離すと
抱っこしてて
あらあ？
ど～ちたのお
ねむいのお？
ぐ
大人達の口調をマネしてます

1.

「ベビーベッドはいらないよね？」
なんて言ってましたが
ハエよ
ハエがおるのヨ～
スヤ…
買いました。安全第一

2.

「これで安心…」と思ったら
ふぅ
普通にベビーベッドに乗ってました

3.

つい最近まで「ママだいしゅき」って
言ってたのが
ママと
あちゃちゃがー
だいしゅき
あちゃちゃ（赤ちゃん）が新登場

7月25日（TUE）

可愛がりたい長男と、新生児を守らなければならない母との静かな戦い

息子の前でジュースをこぼしてしまい
ママ
アリしゃんにあげたので、
ジュージュあげたの？
「う、うん、そうそう」って答えました
やさし～ね～

7月26日（WED）

親が嘘をつく瞬間

おふろあがり
ジージ
シャンプーのんだらアカンよ
いったい何が…

7月27日（THU）

じぃさん何をしたんだ

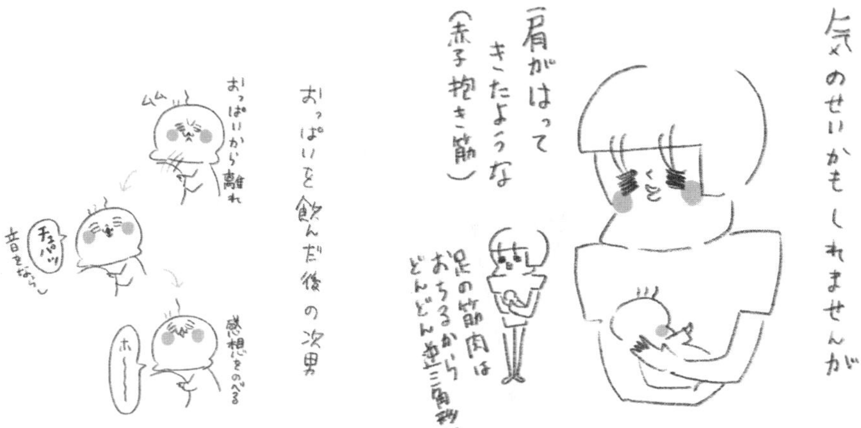
気のせいかもしれませんが
肩がはってきたような
（赤子抱き筋）
足の筋肉はおちるからどんどん逆三角形に
おっぱいを飲んだ後の次男
ムム
おっぱいから離れ
チュパッ
音をならし
ホ～～～
感想をのべる

7月28日（FRI）

次男のおっぱい食レポが楽しみでした。そして私の腕はドンドンたくましく…

外から聞いた人「親方…おっぱい…？」

ママも仲間にいれてぇ〜

7月29日（SAT）

バァバの車ボロボロだもんね〜

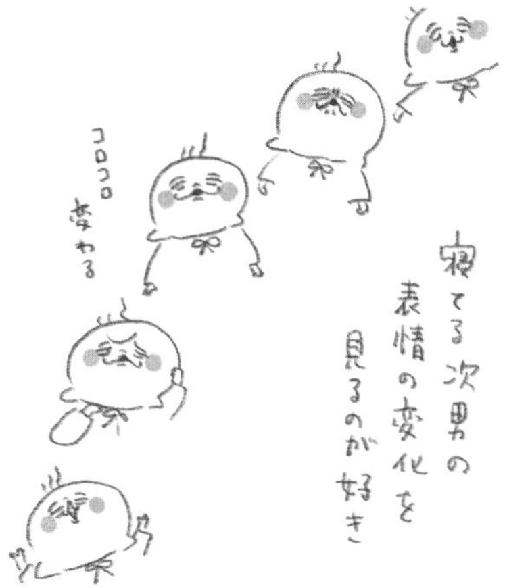

ずーっと見てても飽きません

あやしい胎内記憶

息子に胎内記憶を聞いてみました
あおい
おおきい
たまごからできたの

1.

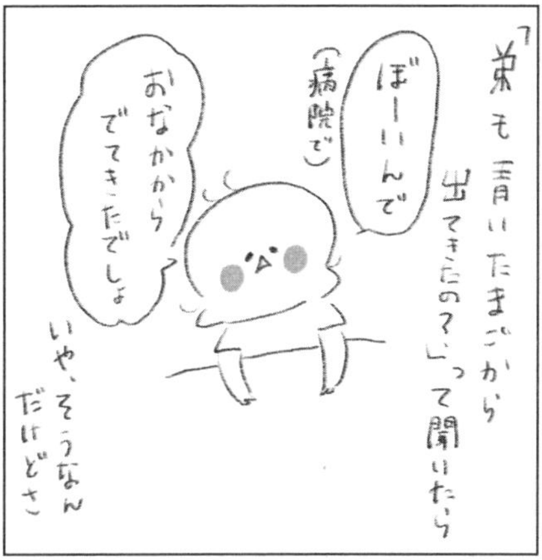
「弟も青いたまごから出てきたの？」って聞いたら
ぼーいんで
（病院で）
おなかからでてきたでしょ
いや、そうなんだけどさ

2.

7月30日（SUN）

「青い大きい卵」と聞いてテンション上がったけど、次男のを聞いてあやしくなった

自分が注目されると
下くちびるをかんで
照れるようになりました

7月31日 (MON)

今朝、目がさめるなり
ママ
太陽あるでしょ
太陽をつかむとね
ほら まぶしくないでしょ

安らかな顔をしてました

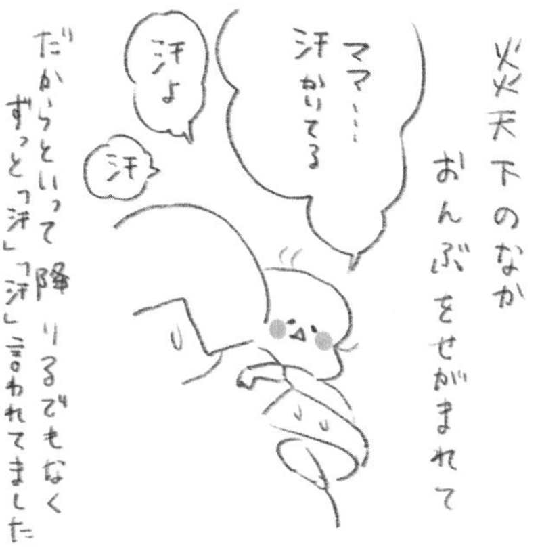
炎天下のなか おんぶをせがまれて
ママ・・・ 汗かいてる
汗よ
汗
だからといって降りるでもなく ずっと「汗」「汗」言われてました

産褥期におんぶしてるだけでも感謝して

いつのまにか弟を溺愛しはじめた兄
かわいーねー
だーいしゅき
しゅきよー
しゅきしゅき
ギュー
兄の愛が重そうな弟（物理的にも）

この関係は１年経っても続いてます

ママ
雨の名前はなに？
詩的!!

そのまま小説のタイトルにしたいくらい

8月 1日 (TUE)

長男のこんな言い回し大好きです

8月 2日 (WED)

寝起きにいろいろやらかす長男。ピピピが何だったのかいまだに不明です

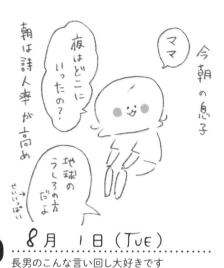

長男３才に

長男ヒヨくん
3才になりました
HAPPY BIRTHDAY
1.
パパからの誕生日プレゼントは
トランスフォーマーのグリムロック
グリムロックー
2.
いとこのお姉ちゃんが
プレゼントもってきてくれたのに
えーとえーと ここはね、あのね トランシュホーマーの グリムロックでしゅ ここやって うごくでしゅよ バンブルビーと いっちょに悪ものの やっちゅけるでしゅ
↑早口
プレゼントをあけもせず
グリムロックの説明をする（非モテ）
3.
いとこのお姉ちゃんが
帰ったあと
おねーちゃん
かわいーねー
想いは全く伝わってないけどね。
そんな君が私は好きよ
4.

8月 3日 (THU)

好きなことを早口で話すオタクの特徴が顕著になる長男。私と一緒だね

誕生日の余韻

1.
昨日ケーキにロウソクたててもらったのが嬉しかったらしく
もういっかいロウショク
パチパチしましょ
何度も火をつけました
パチパチ
ハッピバースデートゥーユー
2.
「3才おめでと～」って言ったら
ヒヨはっ
にしゃいがしゅきっ
（2才が好き）
まさかキレられるとは思わず…
3.
一方その頃、次男は
ゲップさせるためにたてに抱っこされて
フニャリ…
顔が重力に負けてどこが目かわからない
4.
そして寝る前
ママ
おたんじょーびおめでと
ママのではねえ
授乳中
わかってなかったのか…

8月4日（FRI）

誕生日がよほど嬉しかったんだなぁ…と思ってたら、実はあんまり理解してなかったようです

次男が文句を言うようになりました。
ムギーー
とくに父の抱きかたが
魚のもちかたと一緒で
くだ

8月 5日 (SAT)

いっちょまえに文句言ってて可愛いです

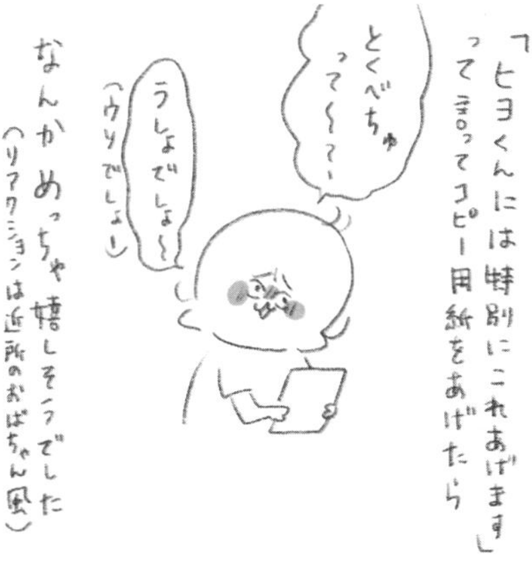
「ヒヨくんには特別にこれあげます」
って言ってコピー用紙をあげたら
とくべちゅ
って〜〜〜
うしょでしょ〜
(ウソでしょ!)
なんかめっちゃ嬉しそうでした
(リアクションは近所のおばちゃん風)

8月 6日 (SUN)

この頃はよく「特別」や「大事」って言ってました

兄の愛情表現がしつこくて
ブーー
動かぬ次男も ついにキレした

8月 7日 (MON)

暑いのに密着してくるしね

フェイスタイムでパパと話してて
ちらりとトンちゃんがうつった時
ネコ
アハハ
トンちゃんだよ!! 忘れたの!?

8月 8日 (TUE)

大阪帰ったら普通に「トンちゃん」て呼んでました

おフロでダラダラと遊びつづけるので
イライラしてきたタイミングで
かわいくな〜れ
お花に水をあげはじめて和みました
（おフロに花がある家です）

実家のお風呂には花もあるしカニも出ます

地味なことですけど
ヒヨは
ネ
カレーが
ネ
大しゅきーなー
「ネ」って言う時 少し間をあけて
首をかしげるのすごく好き

ほんと、これ、超可愛いのよ…！

8月 9日 (WED)

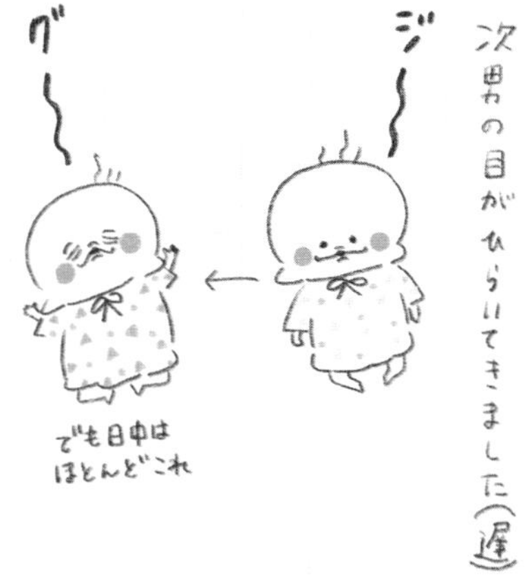
次男の目がひらいてきました（遅）
ジ〜
グ〜
でも日中は
ほとんどこれ

キレ〜イな一重です

ババが次男に近づくと
ババ
あちゃちゃにチューするだけよ
食べたらアカンよ
だから、ババを何だと思ってんの

ババをバケモンだと思ってます

産後１ヵ月

次男あっくんが生まれて
1ヵ月がたちました
全体的に大きく
たて抱っこすると首を動かす
ぐいん
ぐいん
新生児ダンス
表情もすこ〜しだけできたような…気のせい？

1.

私の1ヵ月
昼
2歳児と
重い
新生児の世話
夜
授乳
2人とも寝たら
就寝
朝 or どちらかが寝たら
絵日記と仕事

2.

昨日の朝、こちらを見てる気がして
あっくん
って声をかけたら
ニコ〜
「生理的微笑だし…!!
別にこっち見て笑ってねーし…!!」と
自分に言いきかせながら
喜びでふるえておりました

3.

朝、2人を並べて
カシャッ
写真をとるのが日課になりました

4.

8月10日（THU）

この１ヵ月は本当に大変でした…けどお婆ちゃんになった時に思い出すのはこういう時間なのかもしれない

昨日、いとこのお姉ちゃんが
帰るとわかったとき
泣くのをガマンしてました。
今日は姉たちが帰るのよ

「お別れ」に敏感になってる長男

8月12日（SAT）

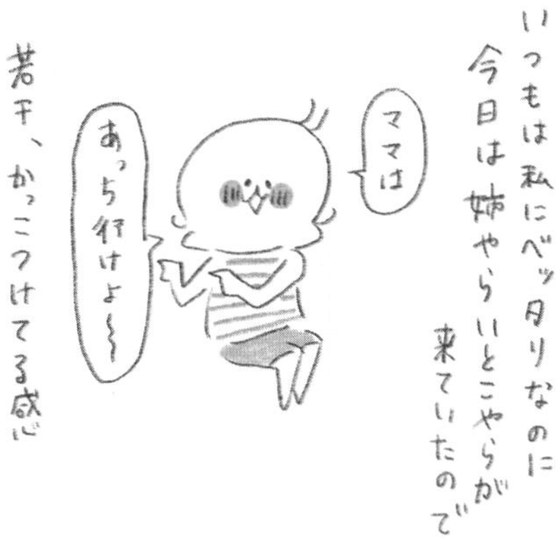
いつもは私にベッタリなのに
今日は姉やらいとこやらが
来ていたので
ママは
あっち行けよ〜〜
若干、かっこつけてる感じ

こういう面もあるって、ちょっとホッとしました

姉が、私たちの寝てるとこ見て
「次男が一番行儀がいい」って言ってました

やはり動かぬ次男

姉いわく息子が海辺で
夜はムーンの中
って言ったらしいです。
なにそれかっこいい

言ってる意味は全然わからんけど

弟に蹴られて
ゲシ
ゲシ
うふふふふふ
喜ぶ兄

あまりに喜ぶので音声も録音しました

8月13日(SUN)

姉たちが帰ったあと泣くかと思ってたら
手えちゅなりだのヨ
楽しい思い出ができたようで良かったよ〜

いとこの時ほど泣かなかったね

「歌をうたいましゅ」と言って台の上にのって
ドゥンドゥン
ピシッ
ドゥンドゥン
裏声
ピシッ
ヤクルト
まさかのボイパ

バァバが「リズム感あるね」と褒《ほ》めてました

次男の1カ月健診でした。
お医者さんに扱われてる時の次男のお人形感
ドーン
他の子より圧倒的にでかい
バッ
じー
私が話を聞いてるのを待ってる時

8月14日（MON）

他の子を見て「1ヵ月の子ってもっと小さいのか…」と思いました

そんなに似てないけど？

長男が1カ月頃の写真を見せたら
あっくん
次男だと思いこんでました

1.

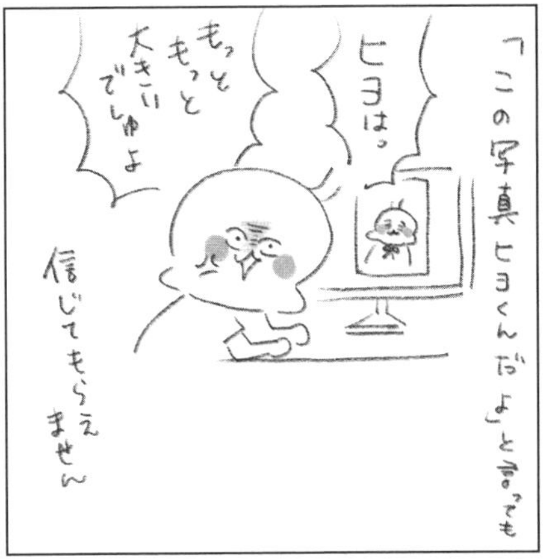
「この写真ヒヨくんだよ」と言っても
ヒヨは。
もっともっと大きいでしゅよ
信じてもらえません

2.

8月16日（WED）

自分の小さい頃の写真を見ると必ず「あっくん」って言います。「小さい＝あっくん」なのね

バァバ株、急上昇

イタズラしてたから怒ったら
バァバとネンネしゅる～
すぅすぅ
味方がいてよかったのぅ

1.

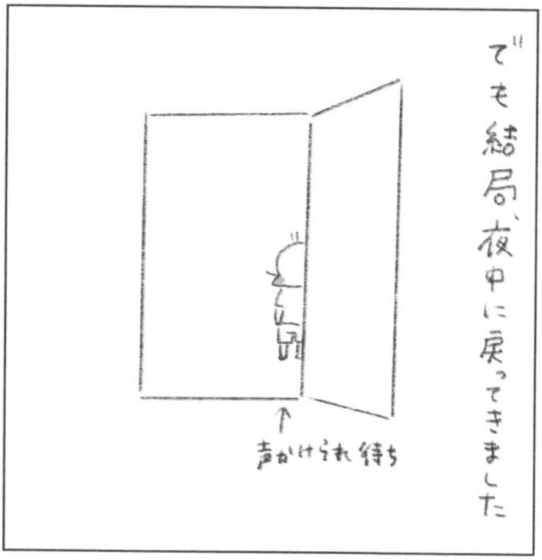
でも結局、夜中に戻ってきました
↑
声かけられ待ち

2.

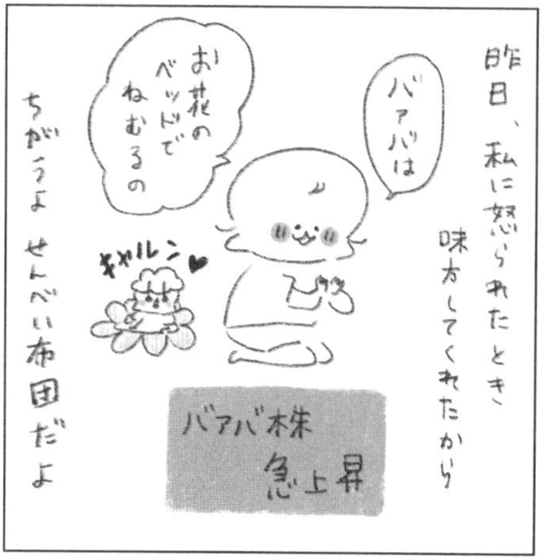
昨日、私に怒られたとき味方してくれたから
バァバは
お花のベッドでねむるの
キャルン♥
バァバ株
急上昇
ちがうよ せんべい布団だよ

3.

くしゃみ失敗

へっ
へっー
……

8月17日（THU）

今までバケモン扱いだったバァバが親指姫になりました

夜泣き

昨夜 めずらしく次男が夜泣き
（オッパイとかオムツ以外で）
ホゲッホンゲッ
ンゲッ
ママー だいちゅー ーうえ
エッエッ
つられて長男も泣きだしました
でも次男があまりに泣くので
しまいに笑いだす長男
ホンゲッホンゲッ
あっくん泣きしゅぎ
ヒーーッヒッッヒッッヒ
めっちゃ怖かった

8月18日（FRI）

２人とも泣き出した時は途方にくれたけど、長男が笑ってくれて救われました

性格出るね

昨日、ひいばあちゃんと
大おじちゃんが会いに来たけど
あ…
あっち…
あっち…
「あっちで遊ぼ」が恥ずかしくて
言えなかったようです
一方、主役の次男は…
ダラリ…
やる気を出さんか
怒りだす父
魚抱き

8月19日（SAT）

私の祖母と叔父が来てくれて、私ウキウキ、長男モジモジ、次男はダラリ

ストレス発散

友だちの子供が遊びにきました
おかーしゃん
赤ちゃん好きの長男
この赤ちゃんもって帰ってもいい？
ずっと何か食べてる次男
もぐもぐ

1.

同じ年くらいの子たちと同じテンションで遊べて
ハッ
ハッ
ストレス発散になったっぽいりです
（体力ない母とジジババしかおらんので）
もぐもぐ

2.

8月20日（SUN）

ずっと家にこもりがちだったので、この日は思い切り遊べて本当に楽しそうでした

new

次男にまつげがはえました

次男の鼻にチューしてたので「息できませんよ」と注意したら
あっくん だいしゅきなのに？
ヒヨ もう2才なのに？
関係ないし 3才だし

好きでも鼻はやめたげて

1カ月の赤子仕草
ねおきの伸び
あう〜
手がプルプル
ほぉ〜
あくび
うに〜
目が一直線になる
泣く前
ケ
ケ
ケケケ ケケケ
ケイレンみたいに笑う（声つき）

とくに手のプルプルが大好きです

8月21日（MON）

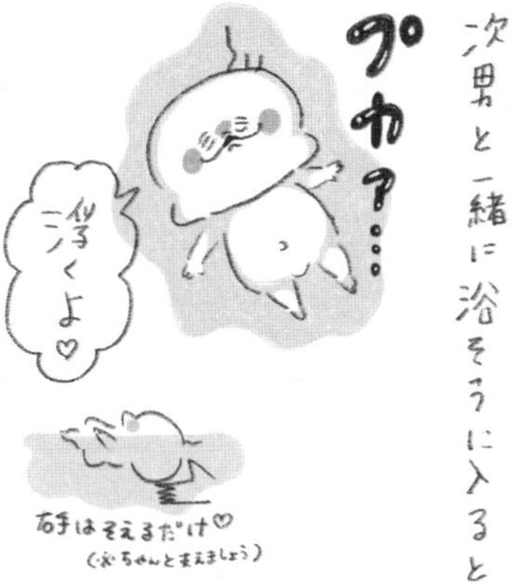
次男と一緒に浴そうに入ると
プカァ…
浮くよ♡
右手はそえるだけ♡
（※ちゃんと支えましょう）

水餃子みたいで可愛いです

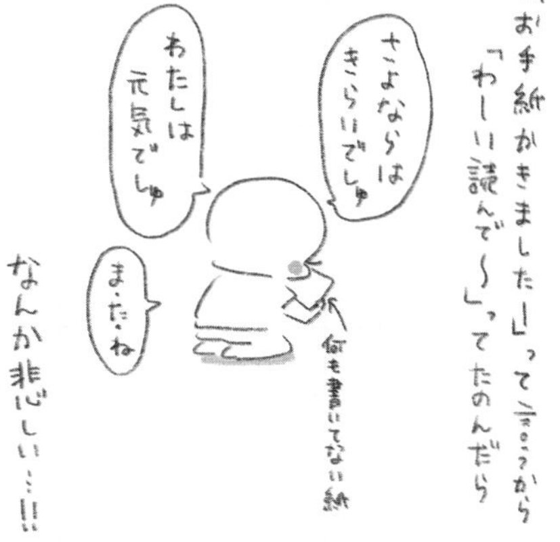
「お手紙かきました」って言ってから「わーい読んで〜」ってたのんだら
さよならはきらいでしゅ
わたしは元気でしゅ
ま・た・ね
何も書いてない紙
なんか悲しい…!!

そんなセリフどこで覚えんの？！

「ヒヨくん可愛いね〜」って言うと
パパは？
かわいいよ
あっくんは？
かわいいよ
まいこさんは？
誰だよ

8月22日（TUE）

舞妓さん？　麻衣子さん？

バアバのここ
シールちゅいててかっこいいの
ピップエレキバンね

8月23日（WED）

自分もつけたいと言いはじめて困りました

ママ泣いてるの？
外で泣いてる？
えっいや…泣いてないけど？
いや泣いてないって
なんなの急に…

8月24日（THU）

泣いててほしいんか

「あっくん踏んづけちゃイヤよ」と長男にくちすっぱく言い続けた結果
そーっ
コラーッ
ギリギリ踏まずに歩くゲームを開発しちゃいました

8月25日（FRI）

「踏まなきゃオッケー」と解釈したようです

ママ ごはん たべててね
ヒヨは ピシュトル持って 見てるからね
↑なぜ
無理やり ごはん食べさせられてる 人質みたいになりました

8月26日（SAT）

たまに銃口むけるから人質はヒヤヒヤでした

まだ上手く喋れなかった時のことをポツポツと話すようになり
ヒヨはね
こわくてね
ママ!! ママ!! って思ってたの
スマホの写真を見ながら
当たり前だけど喋れないからって何も感じてないわけじゃないんだなーと

8月27日（SUN）

これは本当に感動で鳥肌が立ちました

寝おきが一番ゴキゲンな次男
ちゅかっ ちゅかっ
あ
う゛ぐ
あぐ
何か音がもれてる →
舌出して笑ってる
バランスとるように左右の手足をジタバタ

LINEの音声メッセージ(?)がパパから届いて
パパは ヒヨくんと おはなし したいなぁ
いいよ〜
パパ〜
くり返し くり返し 聞いてます

8月28日（MON）

次男は１歳になった今でも寝起きの機嫌がいいです。七福神みたいな顔で笑います

8月29日 (TUE)

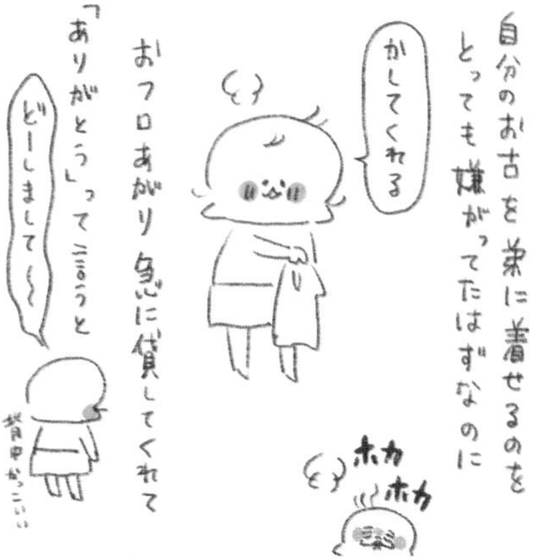
自分のお古を弟に着せるのを
とっても嫌がってたはずなのに
かしてくれる
ホカホカ
おフロあがり急に貸してくれて
「ありがとう」って言うと
どーしまして〜
背中かっこいい

成長の瞬間は急にやってくる

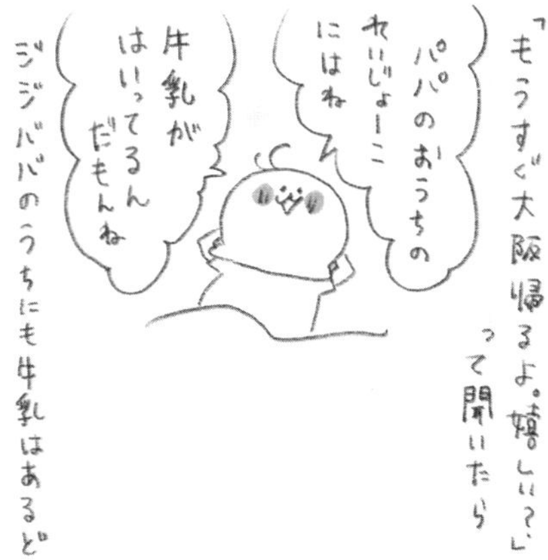
「もうすぐ大阪帰るよ。嬉しい?」
って聞いたら
パパのおうちのれいじょーこにはね
牛乳がはいってるんだもんね
ジジババのうちにも牛乳はあるど

牛乳はマストアイテム

おっぱいを探して…
パクパク
キョロキョロ
肩をハムハム
服の上からスリスリ

もうほんと、可愛くて可愛くて…

私の声が聞こえると
甘え泣き(?)するようになりました
ジタ
バタ
あう〜
声をかけたり
さわったりすると泣きやむ
スヤ…

これもほんと、可愛くて可愛くて…

そろそろ大阪

バァバが「ヒヨくん大阪いっちゃうの?」と言うと
バァバとジィジはおるしゅばんよ
鹿児島と大阪が近所だと思ってるっぽい
バァバが「ジィとバァも大阪ついていこーかなー」と言うと
え…
いいけど…?
なぜかめっちゃ照れる

2.　1.

8月30日（WED）

もうなかなか会えなくなることを長男はまだ知らない

夏の終わり

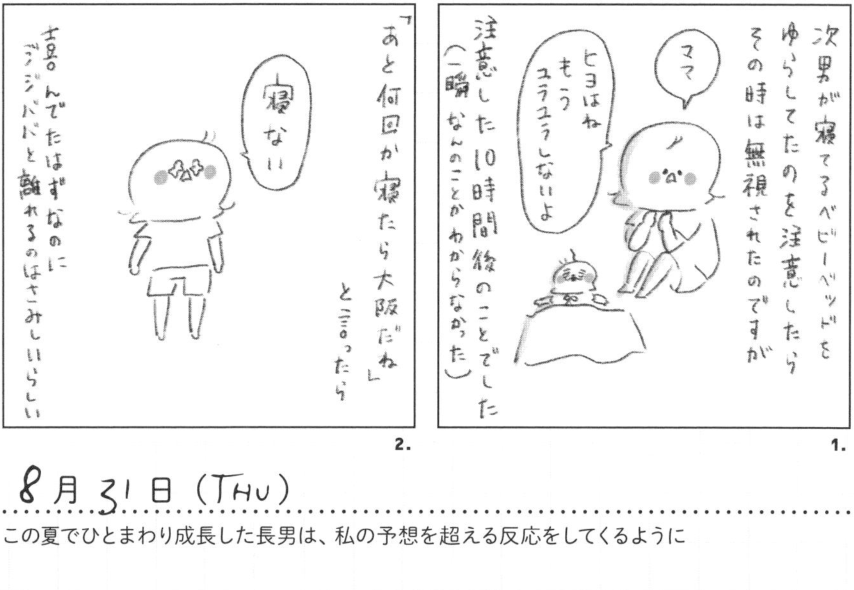
次男が寝てるベビーベッドをゆらしてたのを注意したらその時は無視されたのですが
ママ
ヒヨはね もう ユラユラしないよ
注意した10時間後のことでした
（一瞬なんのことかわからなかった）
「あと何回か寝たら大阪だね」と言ったら
寝ない
喜んでたはずなのにジジババと離れるのはさみしいらしい

2.　1.

8月31日（THU）

この夏でひとまわり成長した長男は、私の予想を超える反応をしてくるように

9月 1日 (FRI)

今朝、起きるなりさめざめ泣いて
ヒっ…
ヒョっもっ
宅急便っ したかったっっ のヨぉ〜っ
うっ うっ うっ
どんな夢みたのよ…

夢の責任まではとれませんわ

1ヵ月半
目で追うようになりました。
ジ〜
トコトコ
クルリ
Lock on

私を認識しはじめた次男

昨日のLINEの音声メッセージを何十回と聞いたあと
ヒヨくんとおはなししたいな〜
よし
パパとおななししよう
スクッ
「だってパパがおななししたいって言ってるんだから!!」と言ってました

この後パパとおななししてました

「お兄ちゃんなんだから」と言わないようにしてたけど
ヒヨは
おにーちゃんなんだもんねー
自分から言うようになりました。

少し誇らしげでした

大阪へ帰ろう

パパを迎えに駅のホームへ
「この新幹線に乗ってくるんだよ」とスマホの画面を見せていたらパパが到着
きたよ
…
…
目を合わせずスマホを差し出してました

1.

「みんなで大阪帰るんやで」って言うと
ヒヨも？
パパも？
ママも？
あっくんも？
何度も何度も聞いてきました

2.

9月　2日（SAT）

パパが長男の照れ方を見て「不器用すぎるやろ」と言って笑ってました

次男のお宮参りでスーツを着せたら
酔っぱらいの課長感
も～また奥さんに怒られますよー
もしもーし終点ですよー

はなればなれ②

我々が大阪に帰る日
孫と3カ月強
一緒にいた父は
おいはこん子らおらんごなったらぬけがらなるわ
訳
オレはこの子達がいなくなったらぬけがらになる
大変やったけどかわいいわ〜
よしよし
そして大阪から
パパが迎えにくると
バーン
きたでー
パパーッ
元気やったか？
パパ
パパ
パパ
ほら、じいじとばあばにお別れを言わな
バイバ〜イ
軽っ
これでいいのだ
急にバカボンのパパになる父

ちなみに父の正装はタンクトップです

第2章

2人目育児

お母さんは奮闘中！

2017 - 2018

9月 4日 (MON) -3月30日 (FRI)

あっくんという男

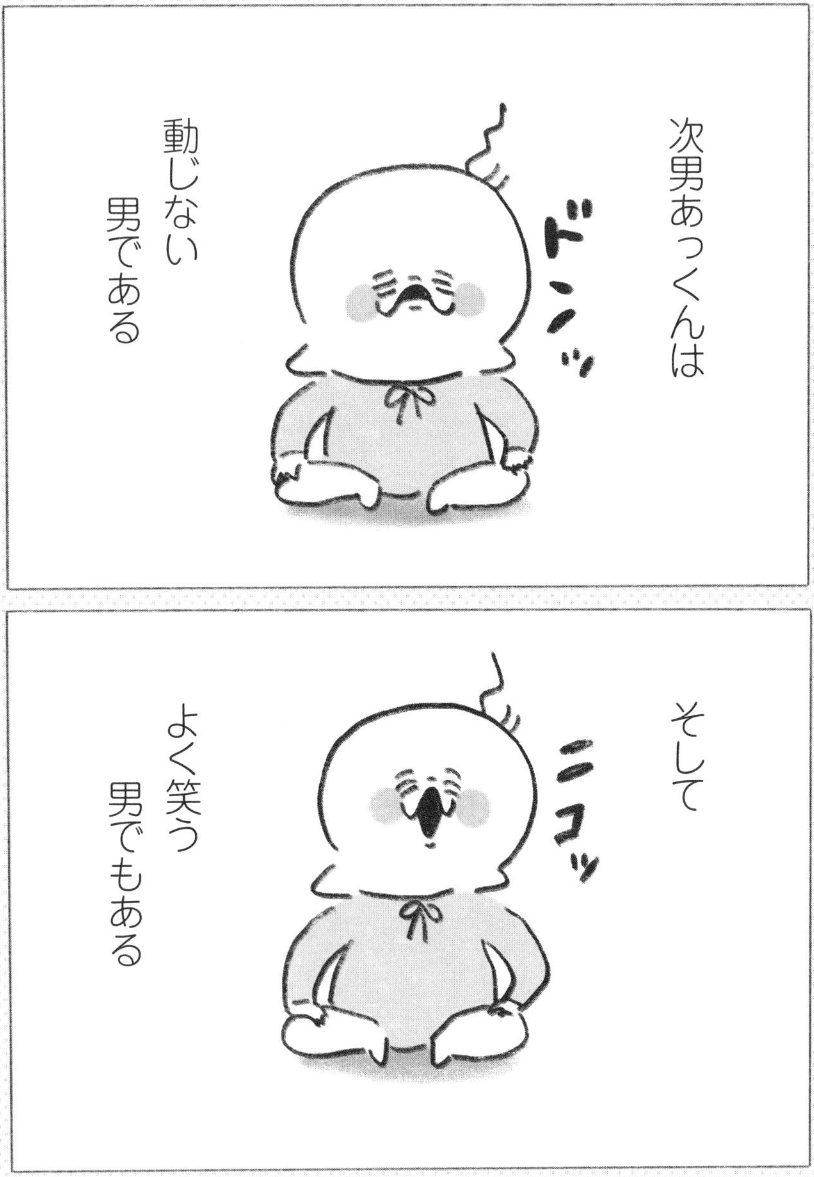
次男あっくんは
ドンッ
動じない
男である
そして
ニコッ
よく笑う
男でもある

家族4人で
大阪へ戻り
子ども2人を世話する
不安で汗だくな母と
私に
できるのか・・・
母の不安を感じとり
ギェー
ヨ
ヨ
ほろり
不安定になる長男
そんな中でも
次男は
動じず
そして笑う
ニパッ

次男を産む前に
いろんな人から
上の子を優先すると兄弟仲がうまくいくよ
いろんなひと
と聞いていたので
ママー
なるべく
長男ファーストに
が、
本当にこれでいいんだろうか…
私も次女だから
気もちわかるし
なんとなく罪悪感が
ちら
ドン
動じず。
ニカッ
ええやん

この笑顔に何度救われたか…
ええねや
次男様 ありがとうございますっ
次男 オッパイタイム
しかし うまいこと できてるよなあ
兄弟で全然 性格違うから
せんさい
ずぶとい
うまくいくというか
2人を同時に お世話するのも
あぶー
ママー
苦にならないし

それから次男の
首がすわり
カチッ
一人で座れるように
なった頃
おかまいなく
あっっく～ん
あっく～ん
くるしゅーない
長男と次男が
2人で遊ぶことが
少しずつ増えていった
皿洗い中
すごいなあ
ママー
長男も
いつのまにか成長して…
ヒヨ、だっこできる
ハア…ハア…
ぐえ
まだ心配もあるけれど

← 次ページは、大阪に帰った次の日の日記からはじまります。

大阪帰ってきて、1日目の朝
「パパ今から仕事やねん」って言ったら
ガシャン
一緒に遊ぶつもりだったピアノ
持ってたオモチャを落として
泣いていました
(マンガみたいだ)

9月 4日 (MON)

今どきどんなドラマもこんな演出しない

ジジババの事、もう忘れたのかと
思ったけれど
あ、そうだ
ジィジとバァバに
でんわしなきゃ
何度も言ってくる
よかった ジジババ報われるわ…

9月 5日 (TUE)

一応懐いていたようで良かったです

話しかけると
リアクション
してくれるように
ブンブン
つっぱり
あぐー
ニコォ
あっくん

9月 6日 (WED)

もうほんと、可愛いしかない

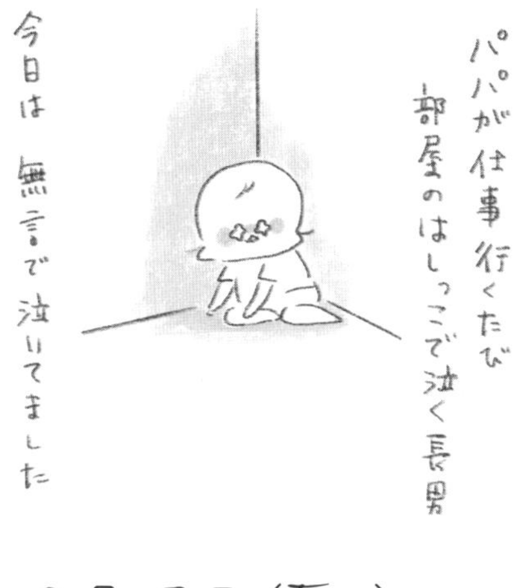
パパが仕事行くたび
部屋のはしっこで泣く長男
今日は 無言で泣いてました

9月 7日 (THU)

パパにお仕事辞めてもらおうか…?

優しさと裏切り

パパがブロックで作ったお家を私がこわしちゃったんだけど
だいじょぶよ
めっちゃ小声
パパがまたちゅくるからね
なぐさめられました

1.

そしてパパが帰ってくるといのいちばんに
ママが
ブロックのおうちこわしたよ
あっ こいつ・・・っ
いや私が悪いんだけど!!

2.

9月8日（FRI）

ブロックのお家を壊した時、なぐさめてくれて感動したのに、すぐ裏切られました

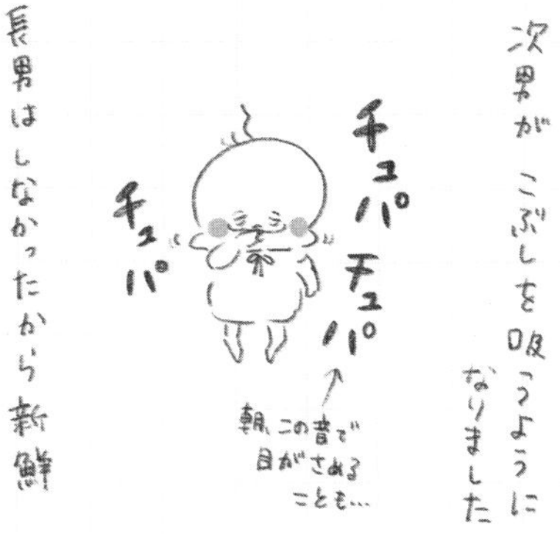
次男がこぶしを吸うようになりました
チュパチュパ
チュパ
朝、この音で目がさめることも…
長男はしなかったから新鮮

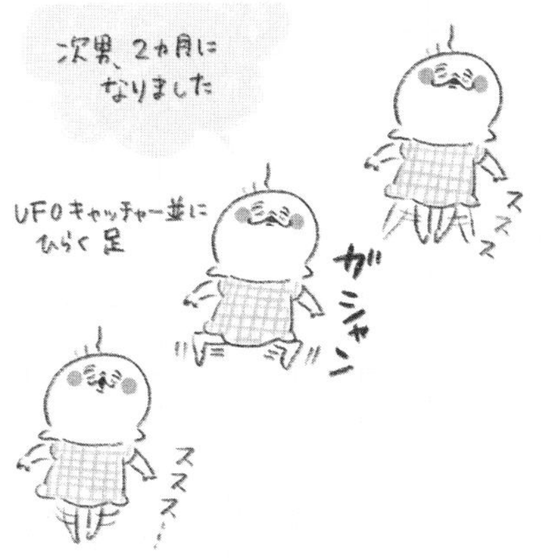
次男、2カ月に
なりました
UFOキャッチャー並に
ひらく足
ススス
ガシャン
ススス…

股関節どーなってるの??

9月10日（SUN）

だんなさんの友人家族が遊びにきてくれて
STARWARSの
のりものを説明中
ここはATATっていうの
キャー
パチパチ
普段ひとりで溜め込んでた知識にリアクションもらえて嬉しそうでした

知識を溜め込むばかりで披露することがなかったので、嬉しそうな長男

息子はじめて「警視庁いきもの係」を観て
だいしゅけは
ケーニャチュになった…?
歌のお兄さんやめて警察になったと思ってるぽい

だいしゅけとは、横山だいすけのことである

パパおっちゃんやから

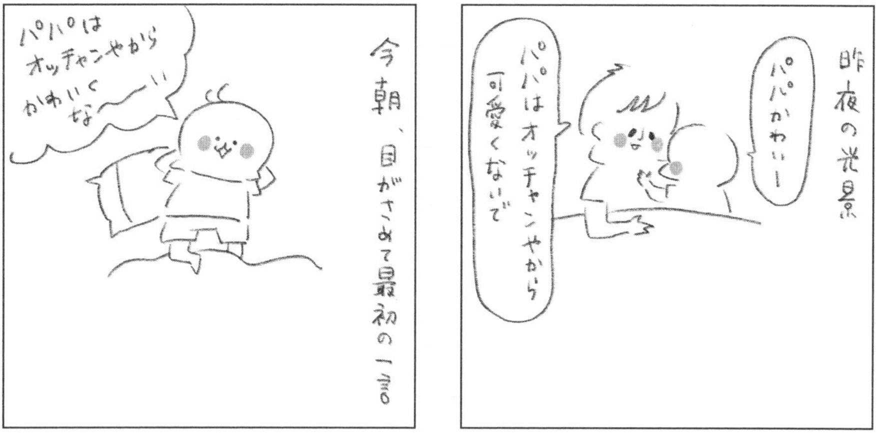
昨夜の光景
パパかわいー
パパはオッチャンやから可愛くないで
今朝、目がさめて最初の一言
パパはオッチャンやからかわいくな〜〜い

2.　1.

9月 11日 (MON)

大好きなパパの言うことは何でも覚える長男が、新しい言葉を覚えました

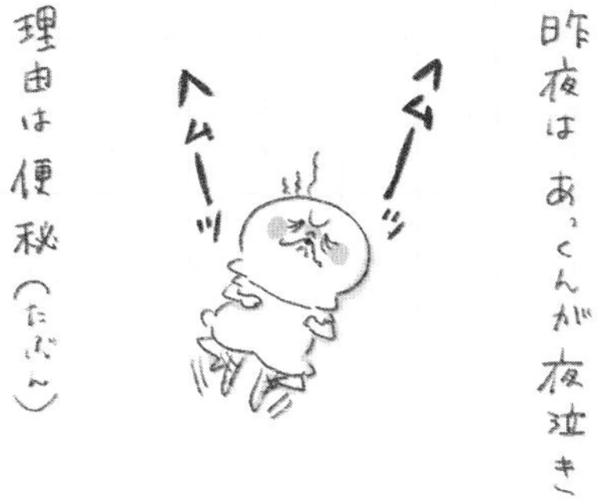
昨夜はあっくんが夜泣き〜
ムーッ
ムーッ
理由は便秘(たぶん)

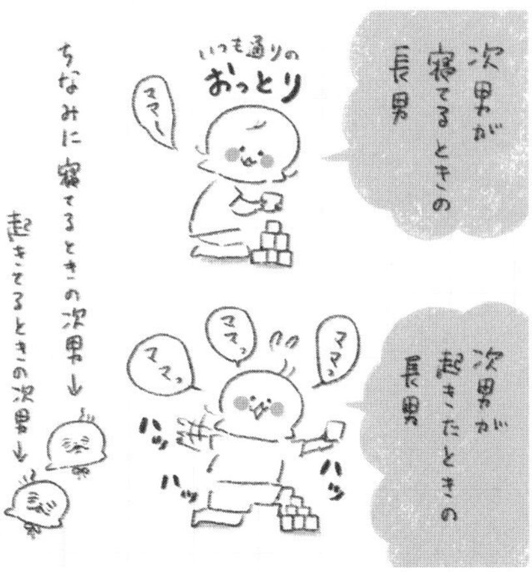

9月12日 (TUE)

次男はいつでも変わらない

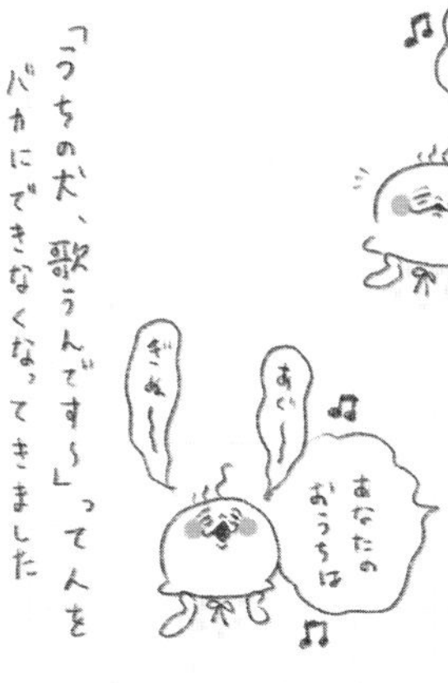

9月13日 (WED)

うちの赤ちゃん歌うんです〜!!

9月14日 (THU)

長男の移動距離よ

2017.9

長男の１日

長男の1日の変化
寝おき
ヒヨはね ヨグトト のみたいの
ヤクルトのこと
昼間
イエーッ
寝る前
パパ だーいしゅき
ほんとに同じ人間なのだろうか
(特に昼間のサンシャイン池崎化)

1.

長男がサンシャイン池崎化する前にお風呂に浸けてみました。
あめっ あめっ
キャー♡
すこしだけ沈静
ヒヨはね およげるの
ふぅ…

2.

パパが帰ってきたら次男を預けて長男を自転車に乗せてグルりと一周
パパとー
ママとー
あっくんとー
だーいしゅき
夜風がきもちよかった
毎日はムリだけどこんなのもたまにはいいね

3.

それもこれも出来たのは次男がおとなしいおかげです
桃井かおりみたいやな
(パパ)
アンニュイ
ありがとう次男

4.

9月15日(FRI)

出産前に比べて家にいることが増えて長男のストレスも溜まってたのでしょう

35才になりました

35才
わたくし、やまもとりえ
35才になりました

1.

バースデーケーキの火を
消させてくれませんでした

2.

家族4人でおでかけをして
次男は抱っこヒモの中にいたので
ん
久しぶりに両方の手をつないで
嬉しそうにしていた長男でした

3.

友人が遊びにきました。
長男
私の手で顔をかくす
こんにちはしないもんっ
次男
よう来たな
ほんまに親方やな
(友人)
恥ずかしがる長男と親方な次男

9月18日(MON)

ロウソクの火を消す瞬間に口を押さえられました。ハッピーバースデー私

パパ明日お仕事やねん

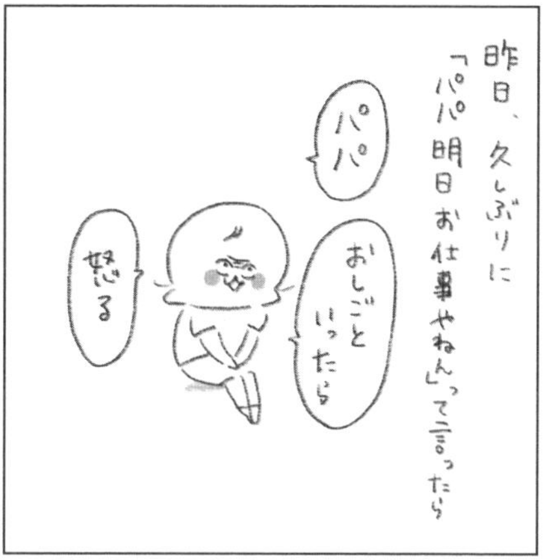
昨日、久しぶりに「パパ明日お仕事やねん」って言ったら
パパ
おしごといったら
怒る

1.

そして今朝、案の定
パパに…
うっ　うっ
会いたい…
よう毎日飽きもせず泣けるね

2.

9月19日（TUE）

パパとの別れに毎日泣いてる長男をニコニコしながら見てる次男

あっくんが
お゛っ
ぐーーん
「あっくん」って言いました

仮面ライダーのDVDをはじめて観た息子
やっぱり・・・
ゴクリ…
ちおい・・・
(強い)
うち震えておりました
(やっぱりって何だ)

9月21日(THU)

はじめて観たのに「やっぱり」とは…?

あっくん血が出てるから
ツメでひっかけた
ピシュトルでうってあげるね
なんでだよ

9月22日(FRI)

とどめを刺す気かな?

ネコのトンちゃんを目で追う次男
ジー
ジー
近づくと
ヒ〜〜ッ

9月23日(SAT)

トンちゃんも次男が気になってる様子

今日はだんなさんの友人一家が遊びにきました。
コクコク
↑1才の娘さん
うおおおおー
ビクッ
サンシャイン池崎化した長男に驚く娘さん

9月24日(SUN)

娘さん、うちの池崎がすみませんでした

ヒーローからの電話

「ヒーローからの電話」っていうアプリを使ってみました
よお～し ハミガキをして バイキンをやっつけるぞ!!
コク コク
めっちゃ真剣な顔でヒーローの言うこと聞いてました
いろんなヒーローが語りかけてくるアプリ

1.

昨夜のこと
ママ ヒヨはね ヒーローになったの
そうなの
寝言だろうか

2.

9月25日（MON）

この後アプリに出てくるヒーローからコメントがきました。いい時代だぁ！

「おにぎり食べたい」と言うのでお米チンしておにぎり作ったら食べたくなくなったらしく
あで？
ちっと おにぎり 重たくて もてないじょ
いいわけがムチャ

「ピヨくん結婚しよう」と言ったら
ちっと
ムリなの
パパとするから
ごめんね
ハッ
しょーだ
みんなでしょー
パァァ
どっちもムリだよー!

9月26日 (TUE)

私にも気を遣ってくれた長男、ありがとう

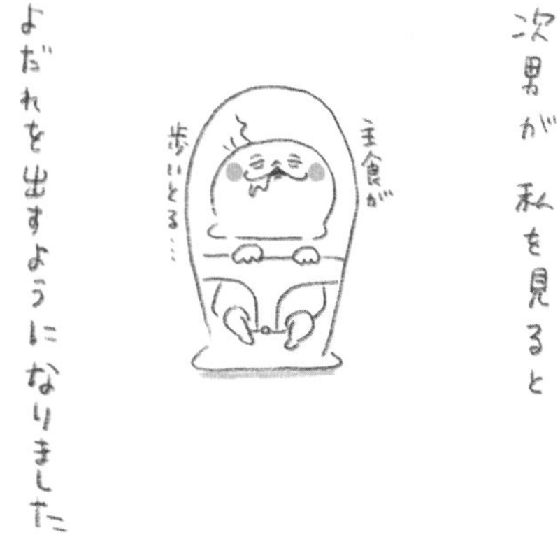
次男が私を見ると
主食が
歩いとる…
よだれを出すようになりました

9月27日 (WED)

「歩くおっぱい」くらいにしか思われてない

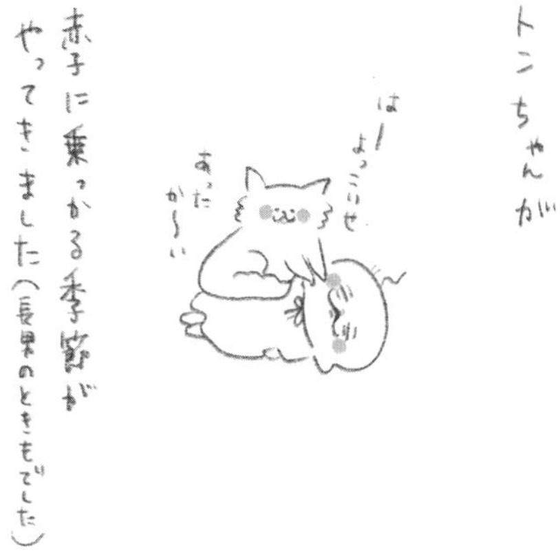
トンちゃんが
はー
よっこいせ
あったかーい
赤子に乗っかる季節がやってきました(長男のときもでした)

9月28日 (THU)

次男が湯たんぽがわりです

2つに折った紙をノートパソコンにみたてて遊んでました
パシュコンパシュコンよ
ポソポソ
私たちに見られてると気づくと
めっちゃ照れていました
かわいいやっちゃ

9月29日 (FRI)

私や夫のことをよく見てるなぁと思いました

長男が発する大声に
あ〜〜
あ〜〜
あ
あ
合いの手を入れだした次男

次男が大きな音にも平気なのは長男のおかげ

仮面ライダーになりたいボーイと
それ仮面ライダーの格好ちゃうやん
と思ってるガール

仮面ライダーをよくわからぬまま真似してる

9月30日（SAT）

おうちに保健師さんきました
どっしりしていらっしゃいますね
ほー
1人遊びしてるね〜
あそんでたのか…
体重測定
7.5kg
はみでてますね…
頭が重い

体重測定器からはみでる次男

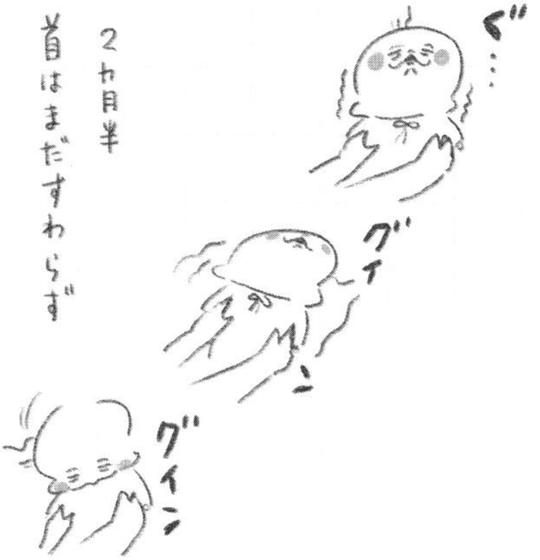
2カ月半
首はまだすわらず
ぐ…
グイ
グイン

一瞬持ちこたえるけど、やはりフニャフニャ

ひとりでできるもね

おフロのとき
ヒヨ ひとりで 入れるもね
パパとママ キーちゃダメだもね
最近よく使う語尾「～もね」
1.
1人でおフロ入りたいと言うので どこまで出来るか見ていたところ
ガラッ
ちっと ひとりじゃ さみしかったわ
5秒で 出てきました
2.
おフロあがり 顔にタオルを巻いて
ヒヨはね
ニンジャなの
隠すとこ間違ってるねー
逆に目立つな
3.
今日の兄弟（ていうかいつも）
あーっくん～
あっくん
しゅき しゅきー
ビョン ビョン

10月 2日 (MON)

この頃から、ひとりでいろいろとやりたがるようになりました。成長のきざし…！

うどんを作ったら
ヒヨはね…変なうどんが
うえぇ…
食べたかったヨォ〜
変なうどんって何だよ

結局どんなうどんかわからないままです

手や足の指のあいだに
KE
DA
MA
毛玉をつくりはじめました

なんでも握るから、すぐ毛玉ができちゃいます

10月 3日 (TUE)

あっくんに子守歌うたってました
トランシュホーム セイブザフューチャー あきらめない
トランスフォーマーの主題歌（めっちゃノリノリのやつ）
選曲よ…

めちゃくちゃアップテンポな歌でした

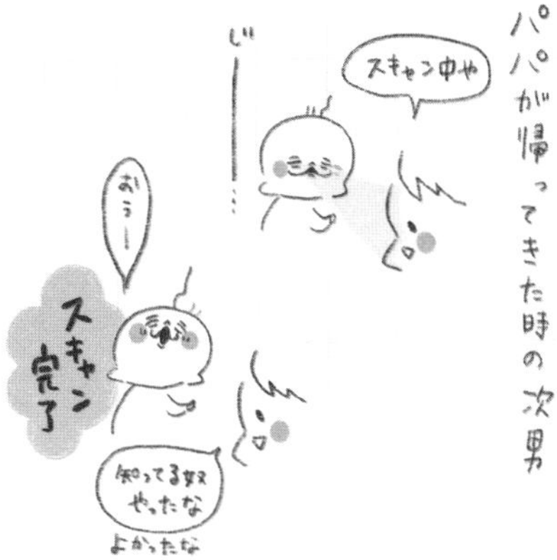
パパが帰ってきた時の次男
スキャン中や
じー…
おうー
スキャン完了
知ってる奴やったな
よかったな

スキャンの結果、無表情になることもあります

昨夜はパパの帰りが遅かったため寝るまでに会えず
パパー
かえってこーい
……
いしあで?
かえって…
こない…
そりやね

10月 5日 (THU)

呼んだら帰ってくると思ったらしい

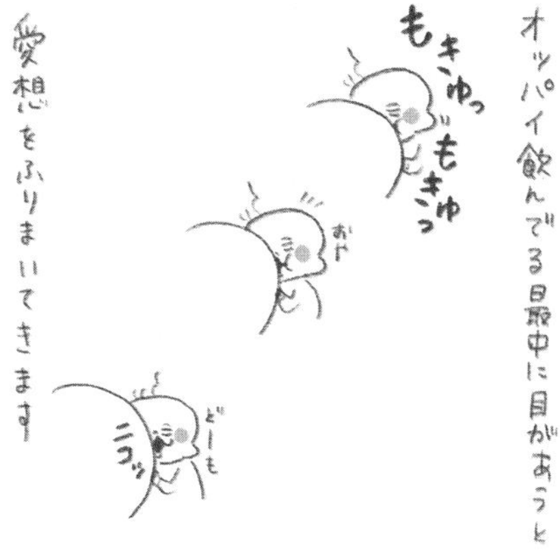
オッパイ飲んでる最中に目があうと
もきゅっ
もきゅっ
おや
どーも
ニラッ
愛想をふりまいてきます

10月 6日 (FRI)

いいから飲みなさい

息子が関西弁を使いだしました
こでは赤やねん
ヒヨは赤好きなのやねん
赤だっこするやねん

10月 7日 (SAT)

まだエセ関西弁に近いです

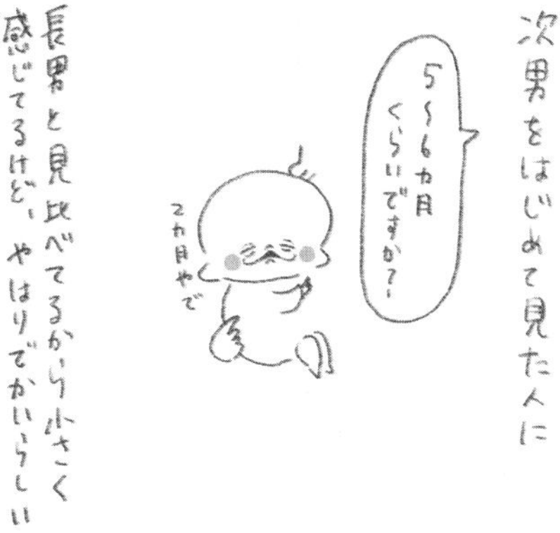
次男をはじめて見た人に
5~6カ月くらいですか?
2カ月やで
長男と見比べてるから小さく感じてるけど、やはりでかいらしい

10月 8日 (SUN)

ジャイアント赤ちゃんです

義実家でBBQ

昨日は義実家でのバーベキューで小学生のお兄さんとヒーローごっこしてました。
わ〜
わるものめ!!ハミガキしてやるじょ!!!
ハブラシのつもり
めっちゃいい子
地味な攻撃…
(ていうかむしろありがたい)
1.

同年代のお友達と2人で遊んでるとこを
これはなここやで
うん
じー
ひたすら盗撮してました(めずらしいことなので、つい…)
2.

一方、次男はいろんな人に抱っこしてもらいご満悦
あう〜
もしくは部屋で1人で拳をかかげてました
おう〜
3.

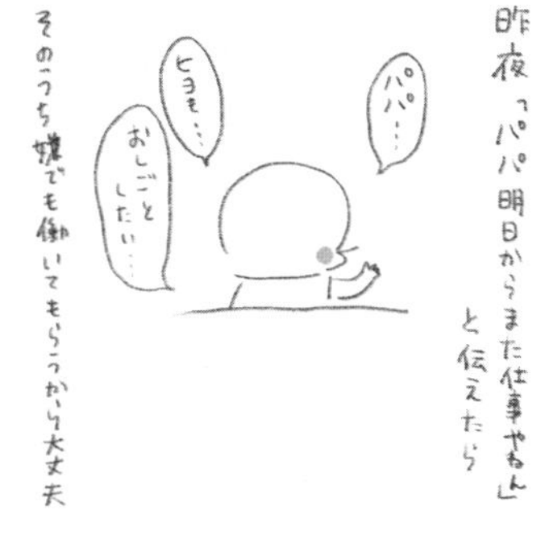
昨夜「パパ明日からまた仕事やねん」と伝えたら
パパ…
ヒヨも…
おしごとしたい…
そのうち嫌でも働いてもらうから大丈夫

10月 9日 (MON)

息子たちは私以外と遊ぶことが少ないので同年代の子と会えて嬉しそうでした

ママまたお絵かきしてるの?
こう見えても仕事してんだママ

10月10日(TUE)

毎日遊んでると思ってるらしい

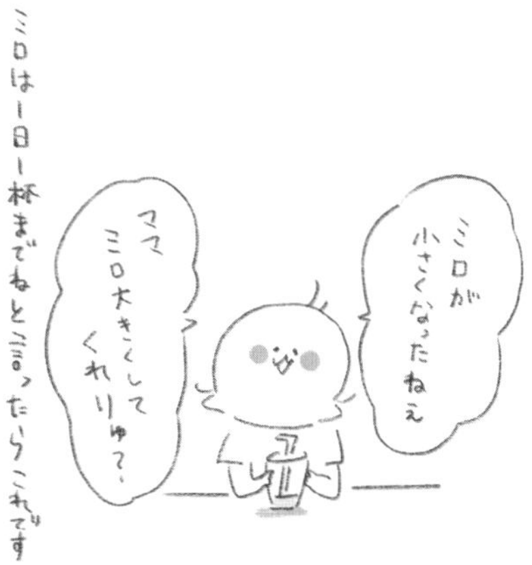
ミロが小さくなったねぇ
ママミロ大きくしてくれりゅ?
ミロは1日1杯までねと言ったらこれです

10月11日(WED)

トンチがきいてますなぁ

ヒヨは青い仮面ライダーになるから
ママはショベルカーね
ママにも人間役させて

10月12日(THU)

この後ショベルカー役を頑張りました

昨夜、ぐずる長男の相手してたら
次男はタオルにちゅっちゅしだして
ちゅっ
ちゅっ
ぐー
そのまま寝ました
ごめんね次男

10月13日(FRI)

手がかからなすぎて申し訳なくなってきた

それぞれの成長

抱っこした時の動きがC-3POっぽい
(スター・ウォーズあんま知らないけど)
次男3ヵ月
ぐい～ん
カクッ
くるーり
ぐるっ
よく寝る次男でしたが
そ…
背中スイッチ入るようになりました
(※寝かせると起きちゃうスイッチのことである)
んばっ
おいおい寝かしてるんじゃねーよ
街中で
あのこが
ヒヨとおしゃべりしたいって
言ってないよ
区役所いった時、職員の人が次男を抱っこしてくれたんだけど
あ゛っぐう゛う゛う゛うん
あ゛っっぐんはママのおおお
長男が引くほど泣いた

10月14日（SAT）

次男が生まれて３ヵ月経ちました。変わらないようで変わっていってる兄と弟

パパ好きは止まらない

ねえパパ
明日から おしごと いかないで
わかった
困ります

1.

息子があまりにも「パパ好き好き」言うもんだから「パパはママのですよ」と言ったら
パパは
みんなのもの
そうですか すみましぇん

2.

10月15日（SUN）

パパがついに息子の「お仕事辞めて攻撃」に承諾しちゃいました

ふと次男を見ると
リゾートみたいな寝かたしてる

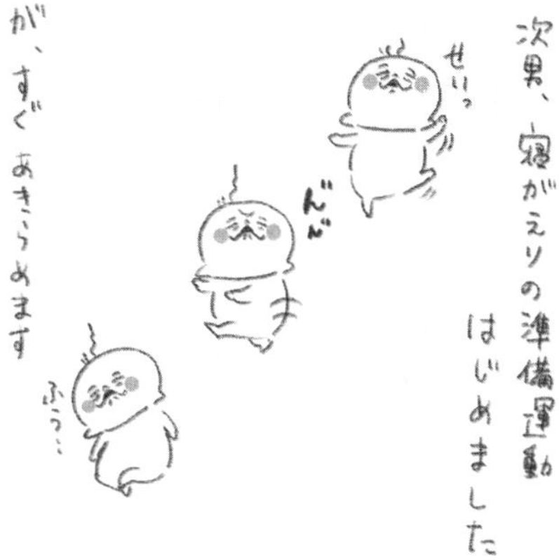
次男、寝がえりの準備運動はじめました
せいっ
んぐ
が、すぐあきらめます
ふぅ…

あきらめの早い男です

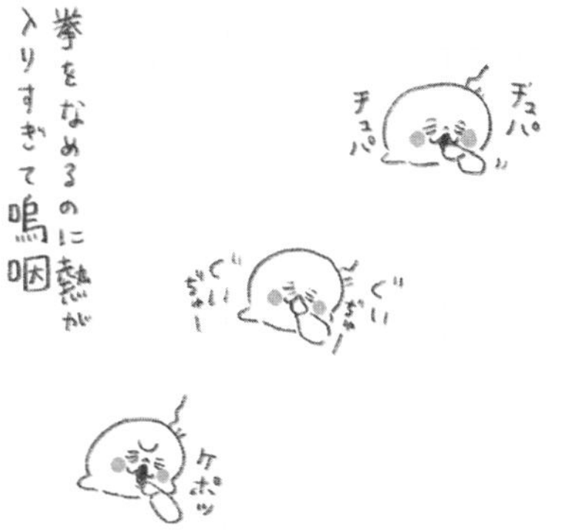
拳をなめるのに熱が入りすぎて嗚咽
チュパ
チュパ
ぐい
ぢゅー
ぐい
ぢゅー
ケポッ

そんなに拳が美味いのか

10月XX日（XXX）

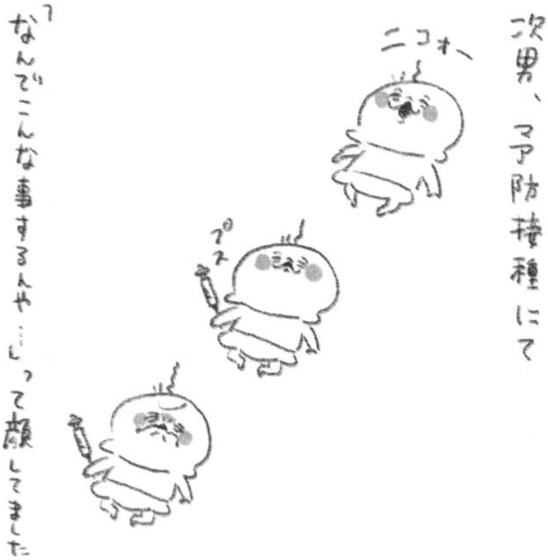
次男、予防接種にて
ニコォ〜
プス
「なんでこんな事するんや…」って顔してました

優しそうな人に針を刺されてショックそう

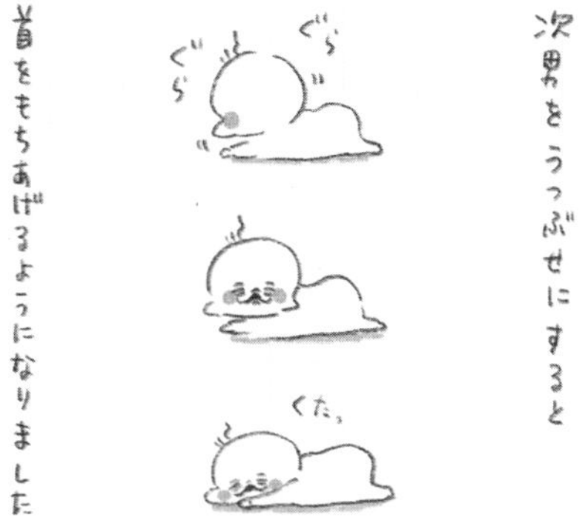
次男をうつぶせにすると
ぐら
ぐら
くたっ
首をもちあげるようになりました

もうすぐ首がすわるのかな?!

知らない人から
あらーぼく寒くなーい?
ぼーしかぶってるからだいじょーぶ
ズボンのたけが短かったせいで5メートルおきに聞かれました(ごめんね)

10月18日(WED)

急に寒くなってきて服装に困る頃

長男が「あっくんちゃーん」と呼ぶと
あっくんちゃ〜ん
ブエエェ
あくんちゃ〜ん
「ブエエ」と返事(?)する

10月19日(THU)

この声、録音したかった…!!

次男がオッパイをくわえたままひっぱるので「イテテ」と叫んだら
出ないなーって言ってるのよ
さすがパイセン

10月20日(FRI)

パイセンもよく噛んでたもんね

おかあさんといっしょを観てるときの兄弟
のめり込みすぎて
無
音に反応して動く

10月21日(SAT)

おかあさんといっしょマジック

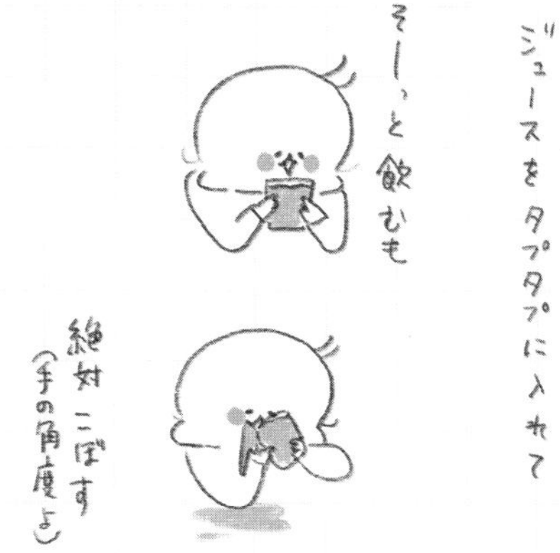
ジュースをタプタプに入れて
そーっと飲むも
絶対こぼす
（手の角度よ）

10月22日（SUN）

こぼすのに何故かまたタプタプにする

するところに ぐりと ぐらと
仮面 ライダー がいました
ぐりとぐら
登場人物1人ふえたな

10月23日（MON）

急にキャストが増えて戸惑う母

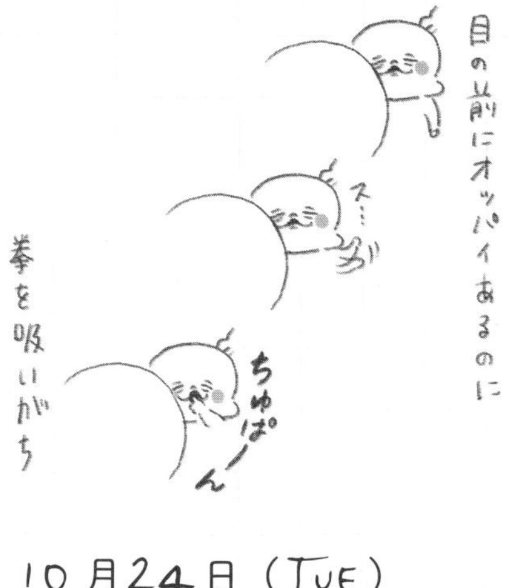
目の前にオッパイあるのに
ス…
ちゅぱーん
拳を吸いがち

10月24日（TUE）

オッパイ出して待ってるのに～！

公園で知らない子と自己紹介しあってました
ぼく アンパンマン
ぼくは シンカリオン
ちょっとしたオフ会みたいでした

10月25日（WED）

こんなオフ会、ぜひ参加したい

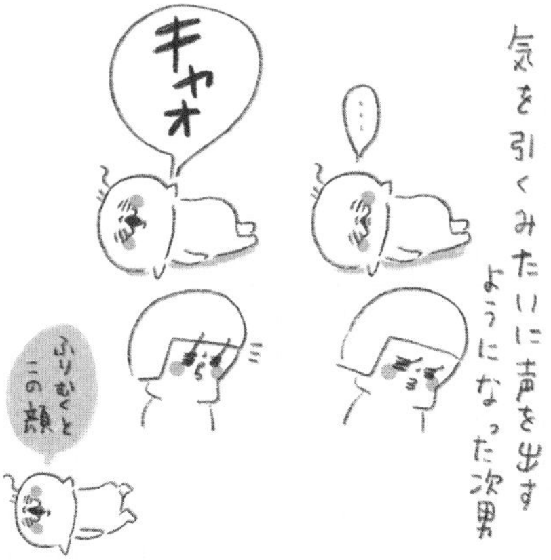

10月26日 (THU)

私が反応するとワキワキと喜びます

10月28日 (SAT)

息子の機嫌はパパに左右される

10月29日 (SUN)

笑ってくれると嬉しいよね〜

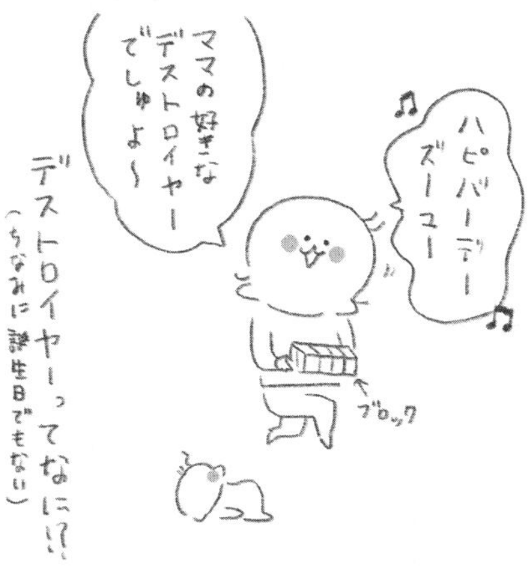

10月30日 (MON)

デストロイヤーなんてどこで覚えたん

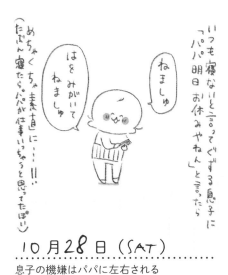

パパが好き

私は小さい頃
父が大好きでした
なんであんなに好きだったのかな…
いや今も好きだけど
と考えた結果
母がいつも父を
お父さんはすごい人
お父さんはチャンピオン
ほめていたから…
なのだろうと思って
パパはステキ
パパはチャンピオン
私もマネをしたところ
案の定
パパ♡
圧がすごい
パパ好きになった
息子を見て
ほれみろ
ククク…
私の作戦どおり
夫も少しは私に感謝してくれや
心の声もれてるで
「パパ好き」は私のおかげ
えへん
そんなことを思っていたのですがー

夫と一緒に実家に帰ったとき
ぐ
おちゃこぼしちゃったな
ふきふき
本当によくめんどうみて…
いいパパじゃが
なんでこんないい人がりえなんかと結婚したとけ
やっぱり結婚せず…
聞こえてるぞ
これだけめんどうみてくれたらそりゃ自心子も好きにもなるわ
おフロ
いこかー
ん…?
もしかして自心子のパパ好きは
私のおかげではなく
パパ自身の努力のたまもの…

それから
ちゃー
次男も生まれ
とくに次男の前では
パパをほめていないのに
・・・
すっかりパパっ子に
プァ〜プァ〜♡
はじめての言葉は2人そろって「パパ」
パパ〜
プァ〜プァ〜
やっぱり
パパが息子たちのめんどうみてきたおかげだったんだ
なるほど
ただ…!!
聞いてほしい!!
平日は!!
私がほとんど子供のめんどうみてるのに!!
保育園送迎からおフロからねかしつけまでっ
ママよりパパが好き
なんの仕打ち!!!
プァ〜プァ〜

悲しき子育てモンスターの誕生である

泣きたい日もあるよね

朝からフキゲンで泣いてばかりなので
困りはて「なんで泣いてるの？」と聞くと
ごっ…
うっく
んごっ…
うっ
んぐ
ごめんｎ
うっ
強く抱きしめました

1.

その後泣きながら
変なおどり
えっく
えっく
見てっ…
ママ…見て…
えぐっ

2.

10月31日（TUE）

泣いてるのをごまかすように変な動きをしだして、少し胸が痛かったです

次男、寝返り
バタン
ムキュウ
高い声
いいとこまできてます

ＣＭかよっ

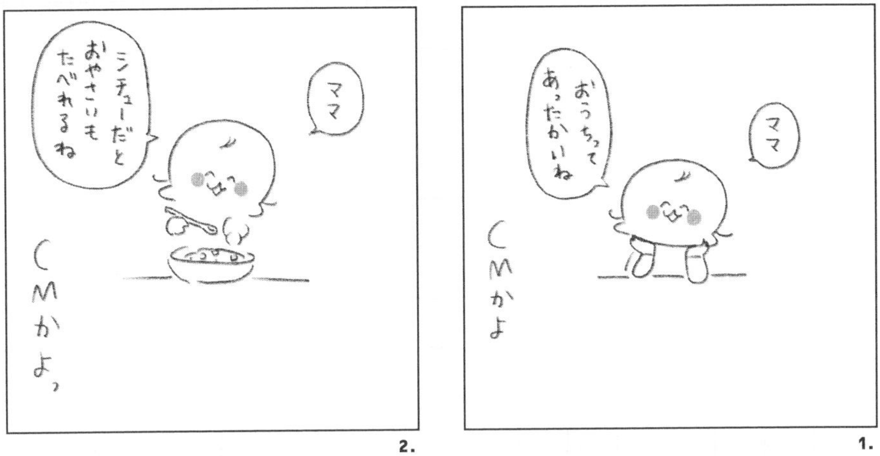

11月　2日（THU）

どこぞのＣＭのようなセリフを言うようになりました

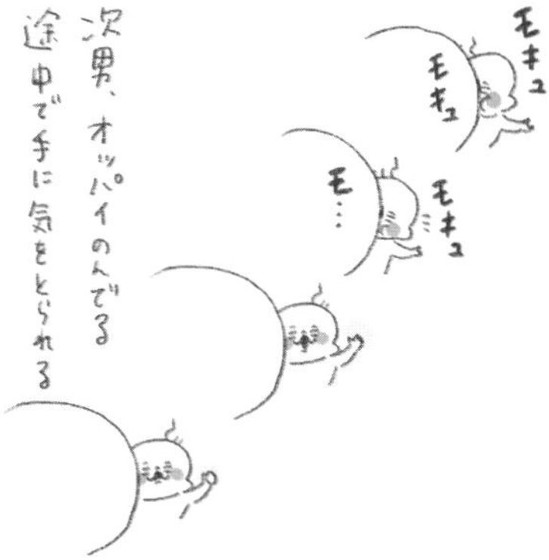

11月 3日 (FRI)

もっとオッパイに集中して〜！

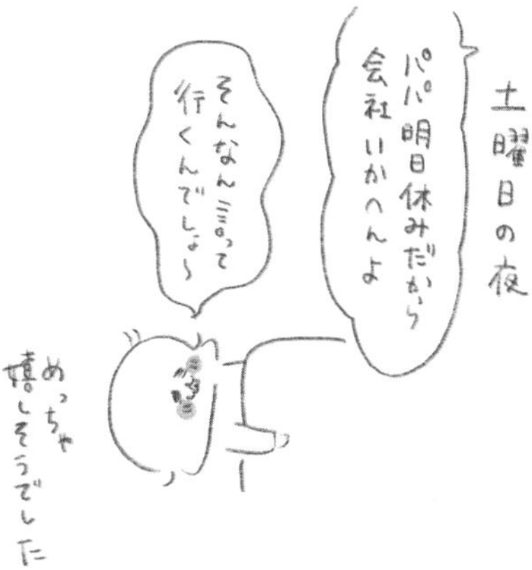

11月 4日 (SAT)

今度は近所のおばちゃんモードです

11月 5日 (SUN)

久々の彼女モードです

健診の練習？

もうすぐ3歳児健診なので
視力検査の練習しました
どこに穴があいてるかなー？
まんなか！
まあ！そうなんだけどさ

1.

それから
いや、丸のね
線がなくなってるところをね
指さしてほしいんだが…
わかるかな？
うえ
サッ
答えはあってるけど指は全方向むいてる

2.

それから「片足上げてジャンプ」という
項目きあったので「これは余裕だな」と
思ってたのに
ん？
ん？
ん？
頭で考えると出来ないタイプらしい

3.

ふんぎっ
ふんぎっ
ほう～
泣いてる次男を
抱きあげた時のスマイル
プライスレス

11月　6日（MON）

視力検査も片足上げてジャンプも、本番ではやりませんでした…

次男の３ヵ月健診

今日は3カ月健診でした
チャンピオンやな…
小児科の先生
「親方」から「チャンピオン」になりました

1.

身体測定のとき
となりにいた女の子の
ふえぇ
ふえぇ
手をずっと
にぎってました

2.

私が「赤ちゃんいっぱいいて可愛いね」と言ったら
かわいいは
この子だけ
兄バカ…!!い(そんで「この子」って)

3.

次男の予防接種があるので
「病院いくよー」と言うと
いってらっしゃーい
おるしゅばん
しましゅ
あなたのじゃないから安心して

11月 8日 (WED)

この時の健診では１番大きかったようで、「チャンピオン」と呼ばれました。…悪くない

口をパクパクしてるので
「何してるの？」って聞いたら
さむいから
風を食べてるの
ぴ
ほら
さむくないでしょ

11月 9日（THU）

風がなくなれば寒くないと思ったらしい

最近
パパは
だいちゃしてくれへんの～？
だいちゃ＝抱っこ
こんな甘え方するようになりました

11月10日（FRI）

「〇〇してくれへんの～？」ってよく言います

パパとお兄ちゃんがマンホールの上でジャンプしていたら
エーイ
アヒ
アヒヒ
次男のツボに入ったらしく声出して笑ってました

11月 11日（SAT）

何がツボなのかわからないけど、笑うの嬉しい

あっくん初イケア

日曜日はイケアに行きました
テントに入ろうよ
息子氏テンション上がりすぎたのか見知らぬ人を遊びにさそうの巻
(めずらしいことです)

1.

イケアのソフトクリームを食べてる息子
直立不動
横から見るとめっちゃなめてた
ペロペロペロ
前川清やな
(パパ)

2.

あっくん初イケア
あついねんけど
レストランのキッズプレートについてくるトイ
ホッペがまっ赤でした
(着させすぎた)

3.

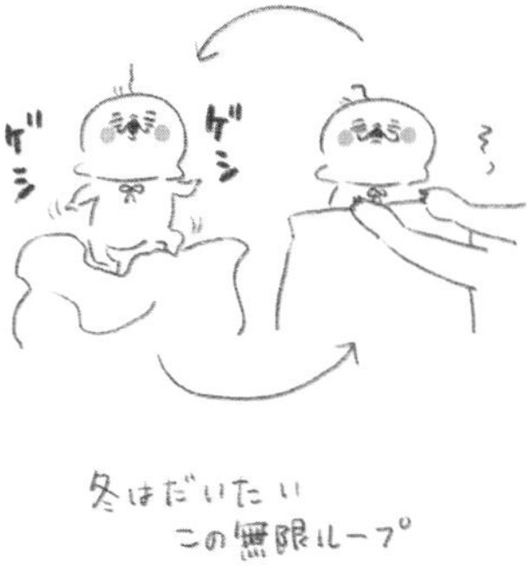
ゲシ
ゲシ
冬はだいたい
この無限ループ

11月12日(SUN)

イケアに行くと、ソフトクリームとホットドッグを必ず食べます

秘密基地

「ママ見つけてー」って声がしたので
押入れにいくと
ニヤ ニヤ
秘密基地ができてました
お気に入りのオモチャ
おやつ
ライト

1.

ヒヨ1人で押入れはいれたよ～
泣かなかったの～
坊はがんばったよ

2.

11月13日（MON）

わかるよ。秘密基地ってワクワクするよね。ママもよく作ってたよ！

でかける前に袋に何かつめてるので
それはなんだと聞いたところ
ママがつかれたら
あげるオモチャ
ガチャガチャ
あ、ありがとう…★

次男、4ヵ月になりました
首がすわりました
んーんー
おっぱい飲みながらしゃべるようになりました
よだれ増えました
誰かが視界に入ると喜びかたが尋常じゃなくなってきました

11月14日（TUE）

もうホント、全て可愛い

スーパーで迷子になって
ママから逃げたら
さみしかったのよ
あら
あら
お店の人に説明してるとこを発見

11月15日（WED）

寂しがりやなおかげで遠くへは行かない

ドングリの中にネコがいてー
ヒヨがあっためて産まれさせてー
クリスマスプレゼントをあげるからね
子どものひとりごとは面白いですよね

11月16日（THU）

それでそれで？って聞くのが楽しい

オムツのサイズが
Lになりました

11月17日（FRI）

友達のとこの誕生日が近い子はまだSサイズ

照れる長男

ボソ
オレの名前は
ボソ
ボソ
プライムだ…
ボソ
息子が何かになりきってるのが可愛くて笑って見てたら
わりゃわないでぇ
笑ってごめん

1.

ちなみに、あっくんが笑うのは
トランシュホーム
バンブルビっ
へあっ
キャ
キャ
ありみたいです

2.

11月18日（SAT）

ママも小さい頃よく何かになりきってたけど、見られるの恥ずかしいんだよね

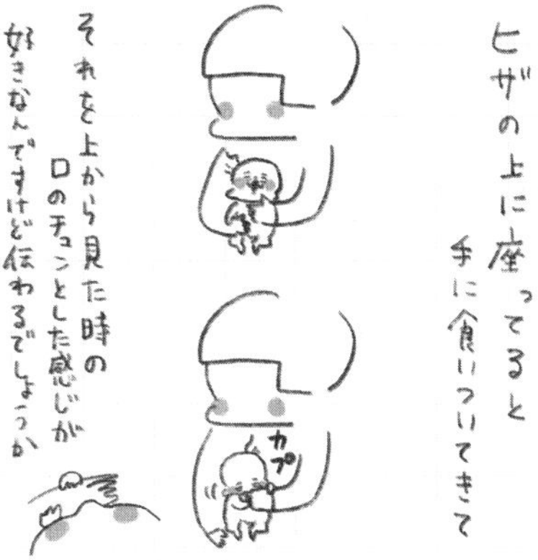
ヒザの上に座ってると手に食いついてきて
カプ
それを上から見た時の口のチュンとした感じが好きなんですけど伝わるでしょうか

息子による映画解説

息子による「シン・ゴジラ」の解説
ゴジラが立っちして
ガオーって火を出して
寝た

1.

息子による「スター・ウォーズ」の解説
悪いアナキンスカイウォーカーが
ダースベイダーになった

2.

息子による「ハリー・ポッター」解説
魔法だよ

3.

息子が最近よく
アイマバーベキューマン
って言うんですけど
「パーフェクトヒューマン」のことでした

11月19日（SUN）

ハリー・ポッターくらいでめんどくさくなったご様子

石をあげる男

今日はいろんな人に
石をあげようとして
石で～しゅ
いらんし
…
石どーじょ
石でしゅよー
バサ
バサ
フラれまくってました（ドンマイー！）
1.

あんなにフラれまくってたのに
あちゃー
みんな石キライなのかー
キレイなのにー
なかなかタフ
2.

11月20日（MON）

パパから「その商売は早めにあきらめた方がええで」って言われてました

朝、目が覚めると
ギュウ
ギュウ
こうなってることが増えました
（寝返りうてないけどもあったかい）

次男、寝返りの気配
ドーン
オレは決して寝返らない
なくなりました

11月21日(TUE)

覚悟を決めたようです

今日はトンちゃんの誕生日
(でもホントの誕生日は知らない)
〈イイニャンニャンの日にした〉
友達のうちに産まれた子ネコで1匹だけ手を出して寝ていたのがトンちゃんでした
父はメインクーン

11月22日(WED)

独身の頃から一緒にいます

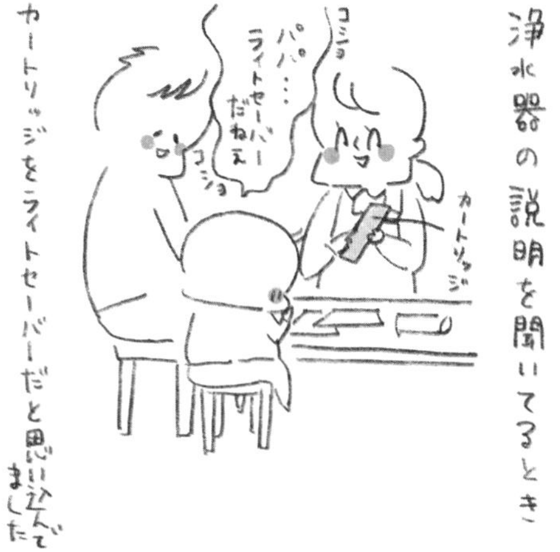
浄水器の説明を聞いてるとき
コショ
パパ…ライトセーバーだねぇ
コショ
カートリッジ
カートリッジをライトセーバーだと思い込んでました

触るものみな口に入れがち
あー
お
あー

11月23日(THU)

スター・ウォーズに脳を支配されてます

2017.11

3才児健診

今日は3才児健診
区役所行くよ〜
オッケイ
くやくしょは〜ケーサツが〜つくったの〜
行くまでは超ノリノリでした(歌まで)
1.
歯科検診でキンチョーして
グッ
ギギギ
大人3人がかりで
おわった後
涙スイッチが入ってしまい
2.
身体測定では
イヤァァァ
ぬぐのはっ
ぬぐのはイヤァァァァ
ぬぐのはっイヤなのよぉぉ
よしよし
← 他の子になぐさめられてた
脱ぐのNGだそうです
3.
小児科の先生の質問には
ヒヨくんは
いくつかな〜？
…
だんまり決めこむ
4.
健診が全ておわって「えらい泣いてましたね」と言うと
目え
やんだよ
→「雨がやむ」と同じで涙がやんだって言います
5.

11月24日(FRI)

本当に本当に…本当に大変でした…歯科検診まではご機嫌だったのに…

息子による映画解説 その2

息子による「アイアンマン」の解説
アイアンマンは
アメリカと戦う

1.

息子による「スパイダーマン2」の解説
ピザ とられるけど
子どもから「ありがとー」言われる
めっちゃ序盤…

2.

息子による「君の名は。」解説
じぇんじぇん
じぇんしぇ でしょ

3.

次男、手でオモチャをつかめるようになりました
ブニ
ブン
ブニッ
…
でもすぐ離しちゃう

11月25日(SAT)

ちなみに、アニメの映画は怖がってあまり観てくれません。何故なんだ…

次男
お食い初め
おおきくなーれ
おおきくなーれ
ちょん
ちょん
おおきくならないねぇ〜

11月26日 (SUN)

そんなに早く大きくなったら困ります

遊びの誘いを「ちょっと待ってね」と断ると
あーぁ
きらわれちゃった

11月27日 (MON)

そんなこと言わないでぇ〜!!!

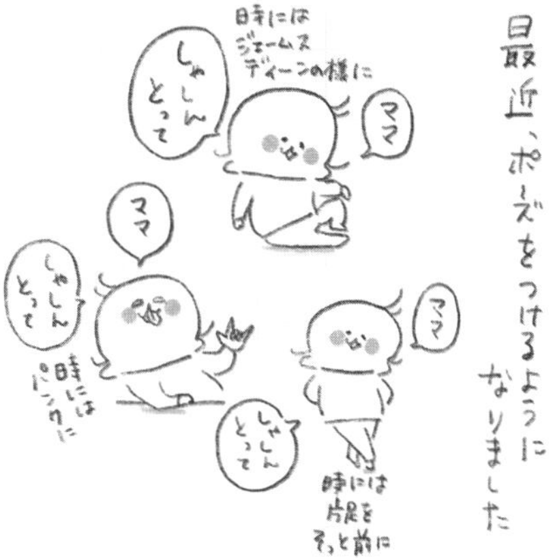
最近、ポーズをつけるようになりました
時には
ジェームス
ディーンの様に
しゃしんとって
ママ
ママ
しゃしんとって
時には
パンクに
ママ
しゃしんとって
時には
片足を
そっと前に

11月28日 (TUE)

短い手足でカッコよくきめてます

次男をバンボに入れたら
ギ――
キレました
(あんなに穏やかな次男が…)

11月29日 (WED)

バンボ苦手な赤ちゃんもいるんですね

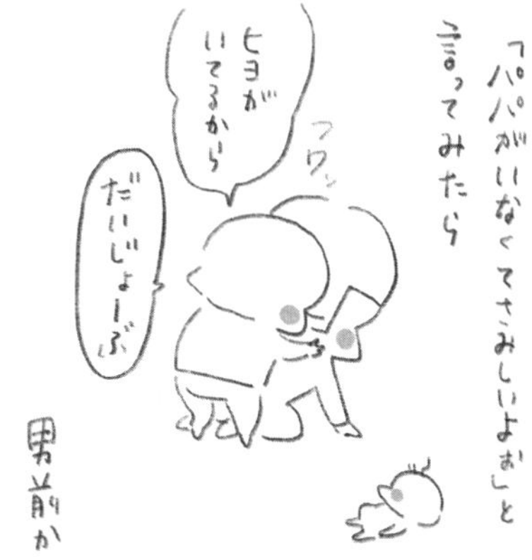

息子より先に
「パパがいなくてさみしいよぉ」と
言ってみたら
ヒヨがいてるから
フワッ
だいじょーぶ
男前か

11月30日(THU)

めちゃくちゃ優しくしてくれました

あれ?、
ヒヨに好きって言わないの?、
男前か

12月 1日(FRI)

少女漫画に出てくるタイプの男前

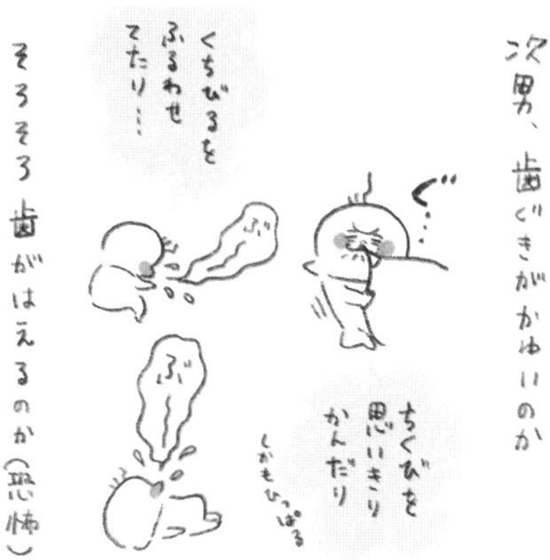

次男、歯ぐきがかゆいのか
ぐ…
ちくびを思いきりかんだり
しかもひっぱる
くちびるをふるわせてたり…
ぶ
ぶ
そろそろ歯がはえるのか(恐怖)

12月 2日(SAT)

あの痛みがまたやってくるのね…

よく次男が長男の洋服をつかまえてるんですけど
気がついたら手をつないでるってことが増えて1人で萌えてます

12月 4日(MON)

長男が本当に面倒見よくて感心してます

私の生活を身をもって体験したいと
だんなさんが息子達をつれて買い物に
大変やなぁ
いつもありがとう
こういうとこホント尊敬するわ
JAPA

そうなの！　大変なの！　ありがとう〜！

12月5日(TUE)

パパがお仕事いくのがさみしいからと
ヒヨは絶対おしごといかないからね
大丈夫よ
大人になったら行ってほしいな

先週私が寂しいとか言ったから…？

あっくんを抱っこしながらごはん食べてたら
あっくんはテーブルを食べてました
そんでだいたいごはん落としちゃう

頭のご飯も美味しくいただきました

息子がうみだしたキャラクター
「ロボットマン」
ロボットマンよ
ロボットマンよ
ロボットマンのまま
うっかり女子に近づき
めっちゃ嫌がられてました(ドンマイ!)
なに

12月 6日 (WED)

小学生女子の眉間にシワが

葉っぱを見るだけでも
あ〜ま
喜ぶ次男が超かわいい

12月 7日 (THU)

見るもの全てがスペシャルらしい

「おやつ食べる」って言った後
「やっぱり食べない」って言ったので
いつもの きまぐれかと思ったら
・・・ママ
「どっちやねん」って言って
まさかのツッコミまち

12月 8日 (FRI)

大阪の男になってきてます

パパ
ヒヨ歌えるのよ
・・・
え〜歌って〜
ゴニョゴニョ
ゴニョ
えっ何て?
ゴニョ
ゴニョ
どんどん小さく…

12月 9日 (SAT)

「さぁどうぞ」と言われると照れるよね

2017.12

キレイなお姉さん

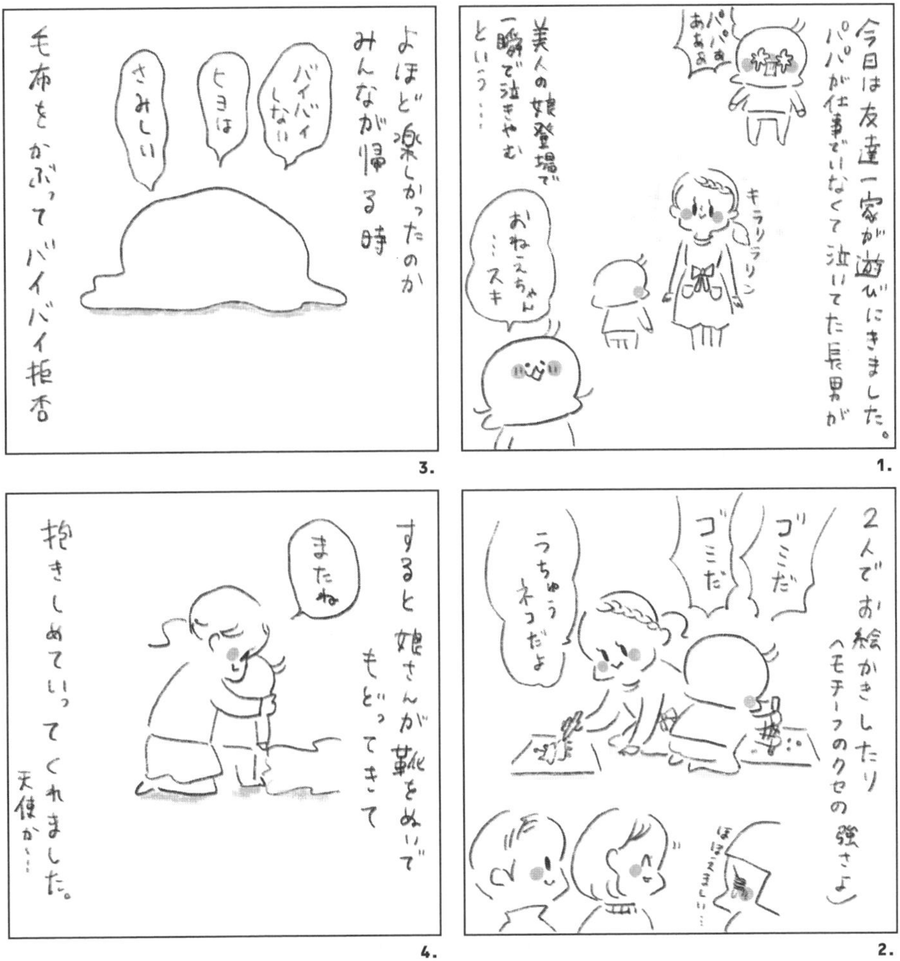
今日は友達一家が遊びにきました。
パパが仕事でいなくて泣いてた長男が
パパぁ あぁぁ
キラリラリン
美人の娘登場で
一瞬で泣きやむ
という・・・
おねえちゃん…スキ
1.
2人でお絵かきしたり
（モチーフのクセの強さよ）
ゴミだ
ゴミだ
うちゅうネコだよ
ほほえましい…
2.
よほど楽しかったのか
みんなが帰る時
バイバイしない
ヒヨは
さみしい
毛布をかぶってバイバイ拒否
3.
すると娘さんが靴をぬいで
もどってきて
またね
抱きしめていってくれました。
天使か・・・
4.

12月10日（SUN）

私の幼馴染の一家が遊びにきてくれました。息子の美しい思い出になったようです

12月11日（MON）

遊ぼうと思っただけなのに…

12月12日（TUE）

200 円でこんなに喜んでもらえるとは

12月13日（WED）

私も南国育ちなので雪だるまへの憧れは強い

12月14日（THU）

お母さんはつま先で歩く派です

打ち合わせ

編集者さんが家まで来てくれて
ねーねー
ロボットになろーねーねー
あへ
あへ
子守しながら（編集さんが）打ち合わせ
やさしい人でよかった…すみません

1.

いつもこの状況でお仕事を…？
…
ロボットうごいてはやく
そうです
あへあ
もっとスマートな感じに見せたかった…!!

2.

最終的には
見てくるまでしゅ
前住んでたボロボロの長屋の大家さんがー
あへあ
私にママ友いない話やら大家の話やら関係ないことばっか話してました…すみません

3.

12月15日（FRI）

「長男の爆発から間一髪逃れる遊び」にも付き合っていただきました

息子
ピンポンパーン
ボツ
いっこすくないやろ
ピンポーン
だれかきましたよー
ボツ
ピーン
せすじのびてるやん
ボツ
ボツ
ジャルジャルのネタを覚えてました
(ここ最近で一番びっくりしました)

子どもの脳みそはどうなってるんだろう

ふうせんを手にした次男
バイン
バイン
バイン
なめたくて近づけるもはね返される

なんでも舐《な》める次男、風船は舐められず

12月16日(SAT)

次男5カ月
くやし泣きするように…
あっくんちょーだい
ひ〜

感情が少しずつ増えていってます

2日ぶりにパパに会った長男
パパのうでを肩にまわして
自分からやらせといてめっちゃ照れてました
…
…

久々の彼女モード入りました

息子、スター・ウォーズを観る

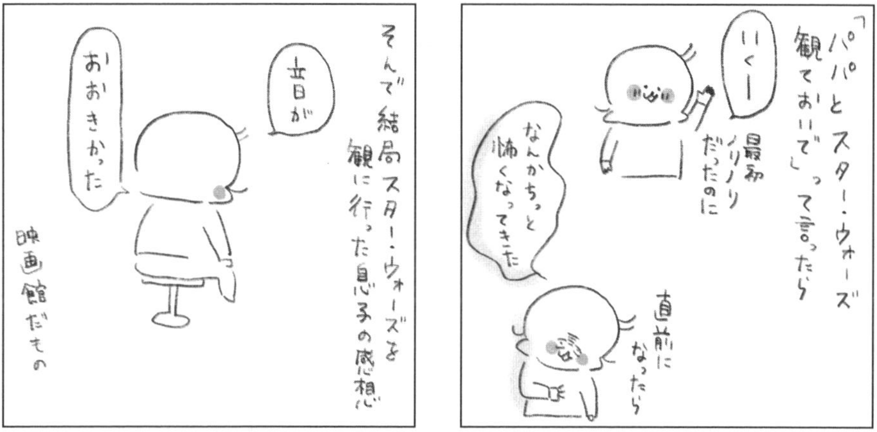
「パパとスター・ウォーズ観ておいで」って言ったら
いくー
最初ノリノリだったのに
直前になったら
なんかちょっと怖くなってきた
そんで結局スター・ウォーズを観に行った息子の感想
音が
おおきかった
映画館だもの

2.　1.

12月17日（SUN）

映画の感想聞きたかったのに、映画館の感想聞かされました

次男が何か食べてるなと思ったら
あむ
あむ
あへあ
ポイ
長男のはいてた靴下でした

結構ハッキリめにため息つきます

一瞬グッと足に力入れて立とうとします

12月18日 (MON)

赤ちゃんの後頭部のハゲ、大好きです

うめぼし顔で手をプルプルさせるの本当好き

久々のポエマー

久々に詩人現る
よるになると
宇宙が見えるね
「朝になると何が見える？」って聞いたら
ライトじゃない？
適当に答えられました

2.　1.

12月19日（TUE）

何か面白いこと言ってほしいと思って質問すると大抵ダメですね

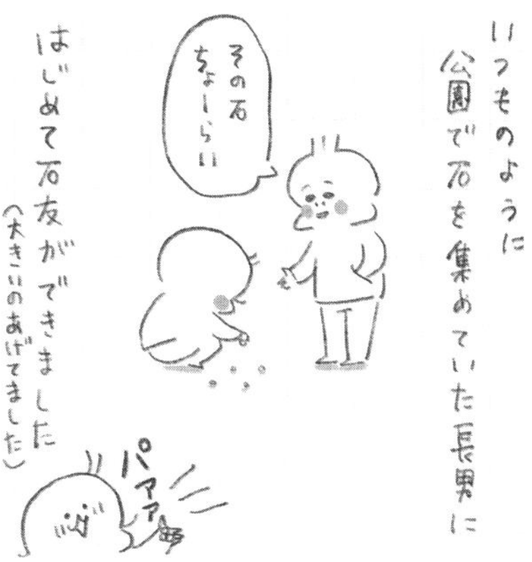
いつものように公園で石を集めていた長男に
その石ちょーらい
はじめて石友ができました
（大きいのあげてました）
パアア

ワキを隠す

ガラスにうつる自分と
おしゃべりしてました
マネしゅるなよお〜
もお〜
ポリ
ポリ
通りすがりのおじさんに
「誰としゃべってんの〜」って
聞かれて
おでことワキを隠して照れてました

2. 1.

12月20日 (WED)

知らない人に声かけられると異常なくらい恥ずかしがります。可愛いやっちゃ

クリスマス用の長靴をむりやり履いてました
武器
意識が全部体の方にむいてる

緊急対談

夫婦のはなし！①

皆さんから頂いた質問にやまもと夫妻が答えます！

「朝になって読み返したら、おじさんとおばさんが褒め合ってて気持ち悪かったです（笑）」（byやまもとりえ）

妻・やまもとりえ（以下、R）　私達夫婦に、まさかのたくさんの質問を頂きましてありがとうございます。ほんとうにありがとうございます！　それでは、枠も少ないのでサクッと答えていきますね！　では1つ目。**「育児の方針、大切にしてることはありますか？」**と。まずは、私が答えますね。挨拶とか、ありがとう、ごめんなさいをちゃんと言わせることは共通してるね。トモくんのほうがしつけとかちゃんとしてる。

夫・トモヒト（以下、T）　オレができてるとは思わないけど、人としての基礎を固めたいと思ってるのは一緒かな？　でも親に言われて来たこと、大人になって必要やなと自分が思ったことは最低限できるようになって欲しいから、ビシビシ言うようにはしてる。

R　そうね。一応社会で生きていける程度には礼儀とか教えておきたいね。大人になってからは自己責任で自由にどうぞって感じだけど。

T　まぁ口うるさいなぁって思われてても、大きくなって、「あぁ、だから言われてたんか」って思ってくれたらそれでいい。

R　私の方が感情で動くから、トモくんはいつも冷静なので偉いなぁと思ってる。

T　イラっとはするけど、爆発させる前に一旦深呼吸するからかな（笑）。一度、長男ともめたことがあったやん？　遊んでるときに急に「もうパパキライ！　いらん！」って言いはじめて、あまりにも何度も何度も言ってきて、何も聞く耳持たない感じになって、「わかった。もうパパはいらないってことやな」って言って2日間ぐらいろくに喋らず…。

R　あったね。2日間喋らなかったときは、チラチラとパパの方を見てたり、パパと目が合ったときに笑いたいけど我慢してるのがわかっていじらしかった。

T　定期的に、「ごめんなさいしたら許すよ」って言ったけど頑なに謝らず、結局こっちが寂しくなって、「パパも悪かった」って無理矢理仲直り（笑）。その後、口をきかなかった分怒濤のように喋ってきて可愛かった反面、あの年齢で色々と辛抱して「喋らん」という覚悟ができる長男に少し怖さも感じた。これを機に、怒るときは短くする、ダラダラ怒らないと決めたわ。さ、次の質問いきますか？

R　**「パパが子育てに協力的なのは自主的なのか教育なのか、きっかけは何？」**とのことで…。教育ではないね、完全に自主的だね。

T　わざわざイクメンって言うな！　親としてやって当たり前！　って考えの人もいてお叱りをうけるかもよ（笑）。オレも、どちらかというとその感覚に近いけど、別にやらないとアカンとか、何か無理してるかっていうのはないなぁ…だからきっかけというのも特にないなあ…息子たちのことを好きなだけちゃう？（笑）

R　素敵やん。本当に自然にやってくれるから嬉しいよ。他にも**「息子さんたちがパパっ子な理由は？」**という質問があったけどこれにつきると思う。

T　りえからのプレッシャーもないし好きなようにやってるから、物足りんところもあるやろうけどね。パパっ子なんかな？　オレがいないときはママっ子なんやろ？（笑）　りえの描き方と、息子たちにオレがうまく転がされてるような気もするけど（笑）。

R　パパっ子でしょうよ。兄弟揃ってパパっ子になってしもうたよ。私もトモくんの子どもになりたい…。

T　それはまた話が変わってくるわ（笑）。

R　パパ～♡（笑）

（P141「夫婦のはなし！②」につづく）

サンタとオプティマスプライム

1.
初サンタやりました
milk
2.
9月半ばから毎日(本当に毎日)「オプティマスプライムがほしい」と言いつづけてきた長男
ヒヨはねー
プライムほちい
これ毎日言われてた
プライム
夕ごはん何たべる
これはプライム
レゴでプライム作ったり
3.
「あっくんは何がほしいかなぁ」と聞いたら
ミルクだって
4.
朝起きてクリスマスプレゼントに気づいた長男
え
え
え
なぜブリッジ
5.
あっくんは
あむ
あむ
milk
ミルク
箱ごと食してました
6.
「ママもプライムほしい?」って聞かれたので
ママは大人だからサンタさんにはもらえないの
と言うと
あ…
ヒヨが買ってきてあげるね

12月24日(SUN)

今年も冬が近づいて来たので「サンタさんがまたプレゼントくれるよ」と言ってみたら、「え、プライムはもういいで」との返答。サンタは毎年プライムくれる人と違うのよ…

緊急対談

夫婦のはなし！②

皆さんから頂いた質問にやまもと夫妻が答えます！

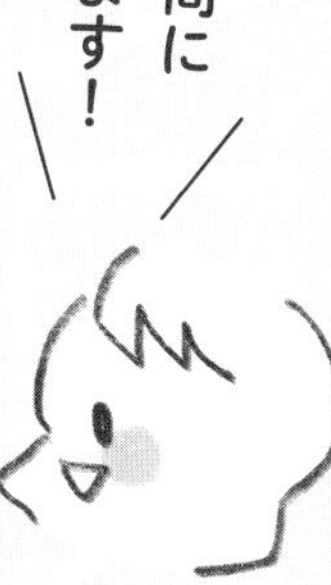

やまもとりえ（以下R）　次の質問いきますね。「**夫婦喧嘩はするのか？　どうやって仲直りするのか？**」。喧嘩は結婚してからは記憶がないね。私が不満を言っても、トモくんが冷静だから喧嘩にまでならない。

トモヒト（以下T）　そうやね。喧嘩ってどういうのを言うんやろ？　オレ、あんまり感情がないからな。

R　それはそれで怖い…（笑）。

T　わーってなる喧嘩って意味ないと思うし、じゃあこうしていこうって話をした方が建設的やなって。

R　それは結婚する前に言われたね。感情的になってる私に「これから長い付き合いになるから、建設的な話をしよう」と…。それはごもっともだなぁと思ったよ。

T　記憶はないけど、オレのなかで変わってないってことに安心した。仲直りの方法は特にないけど「話をするときはお互い冷静になるまで待つ」っていうのはあるね。

R　記憶ないんかい（笑）。じゃあ次。「**子どもが生まれて夫婦の関係は変わったか？**」ですって。

T　夫婦としての関係は変わってないけど、子どもができてお互いに役割が増えたってだけ？

R　そうね。昔のようにまったりと映画鑑賞とかは無理だけど、子どもの行動を見ながらあれこれ喋ったり。楽しむ対象が変わっただけかな？

T　あ、りえを呼ぶとき、「ママ」って呼ばんって決めてる。息子たちとの会話は別として。

R　そうなんだ！　たしかに呼ばれたことない！　新発見！（笑）　次の質問は…「**お互いの尊敬するところは？**」。

T　仕事、家事、育児、妻、役割を全部頑張ってるところ。特に合間を見ながら一生懸命仕事をしてるのは尊敬してます。結婚する前から仕事にストイックなところが素敵やなぁって思ってたし。

R　ありがとうございます。私は、心が安定している、筋が通っている、穏やか、人の表情や視線の変化にすぐ気づく、料理上手。あと、いい匂い。初対面の印象「いい匂い」でした。

T　オレは初対面の印象「バリ可愛い」でした。

R　ははは！　なんだこれ（笑）。照れますね…。

T　次やな（笑）。

R　「**結婚しようと思ったきっかけは？**」…私が結婚してくれとせがみました。

T　オレは、同棲して一緒にこのまま暮らしていけるなぁって思ったから…。

R　私は…「この人のフィルターを通して見る世界は柔らかいなぁ」と思ったからです。

T　柔らかいって何？（笑）

R　物事の捉え方が面白かった。実は私が描く育児日記もそれに触発されてる。

T　ひねくれてたんかな？　そんなつもりはないんやけど（笑）。

R　ひねくれてるというか、面白く思うのは自分次第だなぁーと。

T　何でも楽しんだもん勝ちやからな（笑）。

R　では次の質問！「**お互いにこの人とはこの点ではわかり合えないな、と思ったことは？**」。

T　トマトジュースを牛乳で割るやつ。

R　私の好きなやつ…！　美味しいから試してほしい。

T　別々に飲むんで大丈夫です！

R　酸味が牛乳でちょうどよくなるのに…。

T　あと、服を擦り切れるまで着ること（笑）。

R　息子にも注意された（笑）。

T　倹約家でいいんやけど、限度があるわな…。

R　母にも怒られる…もっと生地のいい服買います。そして、それを擦り切れるまで着る。

T　アカンがな。

R　私の方からは、ほんとうに思いつかんくて…。

T　何かオレが何か悪者みたいやん…。

R　そういうことだね…。

T　なんかないん？

R　靴下を半分脱いで過ごすとか…。

T　あるやん！　でも細かいこと言うてたらエスカレートしていくんちゃう？（笑）

R　殴り合いになるからやめとこうか（笑）。

（P172「夫婦のはなし！③」につづく）

あっくんを座らせてみると
コロン
or
コロン

12月27日 (WED)

まだ早かったようです

少し早めにジジババからお年玉をもらった息子
これで
デズニーダンドに行ける…
ディズニーランドはちょっとムリかも

12月29日 (FRI)

デズニーダンドに憧れてたのか…

あと、
しんじゅくでー
しんじゅくでー
って歌ってたのは
「ジングルベル」でした
(新宿でいったい何が…と思ってました)

12月30日 (SAT)

空耳ア～ワ～♪

2017年は大変お世話になりました
来年もどうぞよろしくお願いいたします!!

12月31日 (SUN)

2017 年もおしまい！　よいお年を！

やまもと家の年末

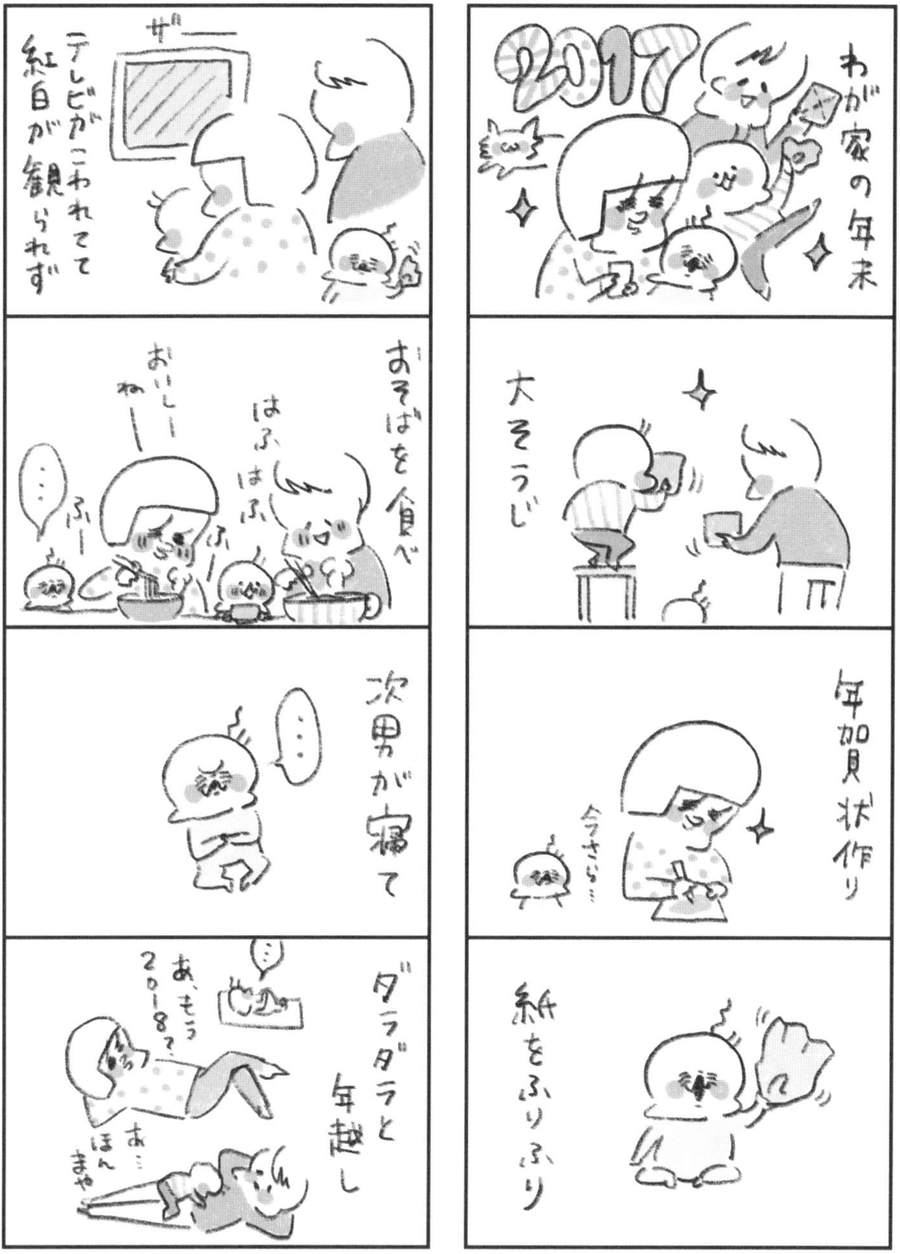

毎年こんなもんです・・・

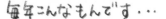

一応、新年の挨拶はします
あ…今年もよろしくお願いします…
いや、こちらこそ何卒よろしくお願いします…
ぐー
ぐー
スウェットとボサボサ頭ではじまる一年
Happy new year ☆ 2018

お正月の出会い

パパのお友達家族と会いました
車内からコッソリのぞいてるうちの息子
かくれてるつもり
ハッキリあいさつする娘さん
こんにちは!!
1.
ようやく車から降りてきたと思ったら
しゃがんでジャンプをくり返す
(何の儀式…?)
2.
その後、急に仲よくなった２人
ヒヨくんどの食べもの好き?
ピシュトル
会話は成立せず
3.
そして弟同士は見つめあい…
ニコォ…
めっちゃ目大きいやん
4.
仲よくなったのは良いのだけど距離感がつかめない長男は
気を抜くとめっちゃ近づくんでヒヤヒヤしてました
5.

1月 2日 (TUE)

お正月休みに夫の友達のご一家と会いました。娘さんとてもしっかりしてました

そっくりさん

次男とそっくりの姪っ子と顔を入れかえたけど
あんまり変化が無かった
(イラストで伝わるかしら)

1.

そのあと姪っ子が次男を寝かしつけてくれました
JKが添い寝してくるわ

2.

1月　3日（WED）

似てる似てるとは思ってたけど、顔入れ替えても成立するとは

1月4日、お正月休みがおわりまた私と息子達だけの家の中
ヒヨはパパが好き
…だけどママも好き…
空気を読んでつけたした感

1月　4日（THU）

ありがとう…気を使ってくれて

パトロール

1月　5日（FRI）

クマの赤ちゃんと普通の赤ちゃんを発見して今日のパトロールはおわり

おうちがすき

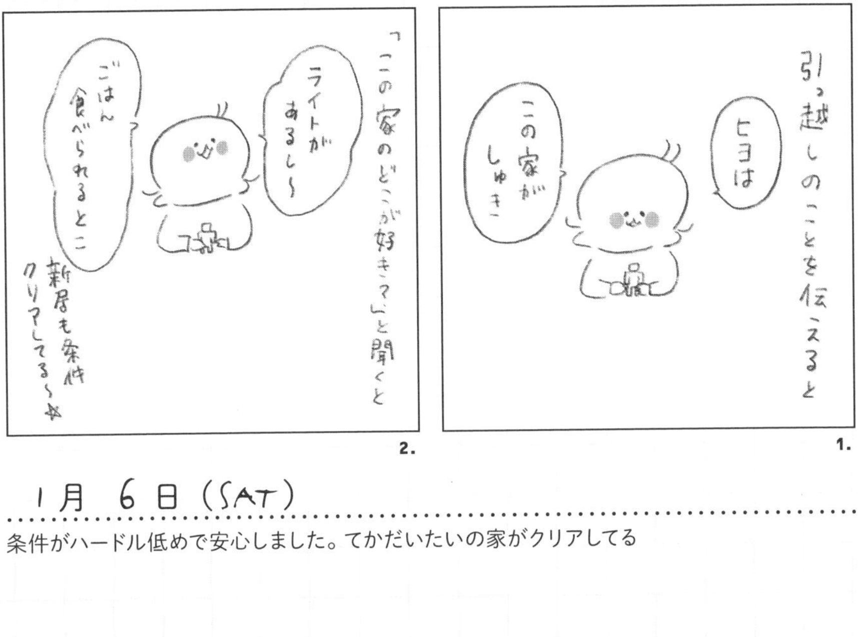

1月　6日（SAT）

条件がハードル低めで安心しました。てかだいたいの家がクリアしてる

風邪をひいた息子

風邪をひいた息子
……げんきに
ゴホ
ゴホ
……なりたい
風邪をひいた息子2
ロケット乗って……
ゴホ
ゴホ
エディオン行きたい
ロケットで行く距離じゃねえ
まだ風邪ひいてる息子
ケホ
ケホ
自分でおふとん入って1人で寝ました……
(自分からおふとん行くなんて…)
ケホ
ケホ
おふとんから出てきた息子が
このロボットあげる……
ケホ
ケホ
ママにとくべちゅ
ありがとうっっ泣
寝て…!!

1月 7日 (SUN) ~8日 (MON)

いつもなのですが、風邪をひくと私にめちゃくちゃ優しくしてくれます

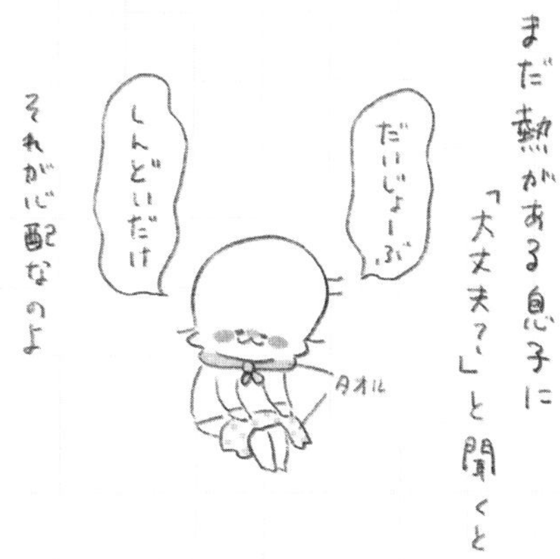
まだ熱がある息子に「大丈夫？」と聞くと
だいじょーぶ
しんどいだけ
タオル
それが心配なのよ

1月 9日 (TUE)

しんどいなら大丈夫ではない

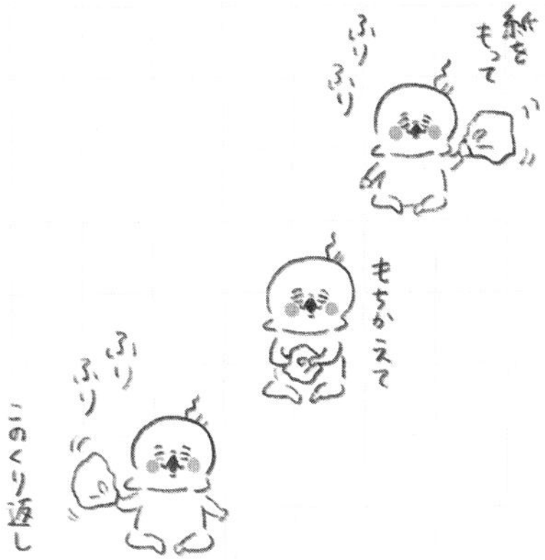
紙をもって
ふりふり
もちかえて
ふりふり
このくり返し

1月 10日 (WED)

こういうオモチャあったら買いたい

次男6カ月になりました
座れるようになりました
手を上げてくれるようになりました
あっくーん バイバーイ
ス…
ベイベイベイ ベイベイベイ
ベイベイ言うようになりました

1月 11日 (THU)

なにやら巨匠感が増しました

1月12日（FRI）

兄弟で風邪のうつしあい

1月13日（SAT）

離したいほど握る力も強くなる

1月14日（SUN）

「行かない」と言う日まで粘るようです

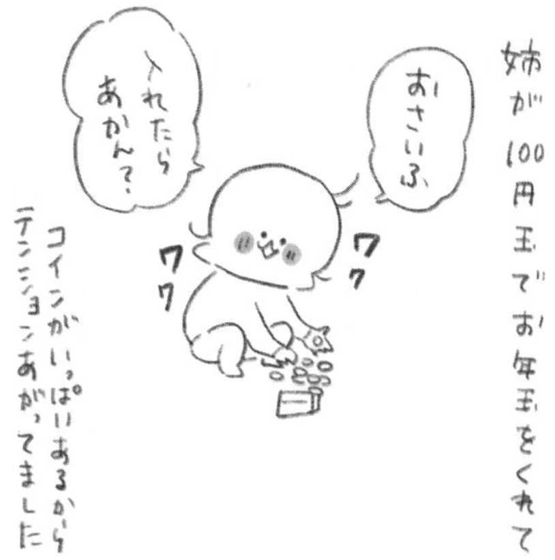
姉が100円玉でお年玉をくれて
おさいふ
入れたらあかんて？
ワワ
ワワ
コインがいっぱいあるからテンションあがってました

1月15日（MON）

お財布あげたら喜んでました

甘えんぼうの長男
ママ
だいちゅだいちゅ
※だっこのこと
ぶえ
しずかに泣く次男

1月16日（TUE）

兄弟で性格が全然違って面白いです

次男が今一番笑うものは
ミスターロボットよ
あへあ
りきんで手が伸びる
兄の一発ギャグ
次男が長男のトミカで遊んでいたら
あかんね～
あかんねぇ～
オロ
オロ

1月17日（WED）

大人にはわからぬツボがあるらしい

1月18日（THU）

こういうオモチャあったら買いたい２

1月19日（FRI）

構ってほしくて知恵がついてきました

1月20日（SAT）

次男の荒い息と笑い声で起きることが多々

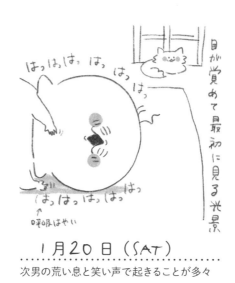

ねえ、ママ

1.
ママ
歯は大事にね
お、おう
2.
ママ
音楽きこえなくしちゃおうか？
え、なにこわい
3.
ママ
あっくんどうやったら笑って？
やだ優しい。
4.
ママ
ママのマネ
なんだと

1月21日（SUN）

歯を心配してくれたのに音楽は聞こえなくされそうです

パパがゆっくり喋ってたら
はよ言《ゅ》いな
時間かかんで
急にコテコテ

1月22日(MON)

私も夫もこんな喋り方しないのに

ヒザに座らせてるとすぐ立とうとする
ぐいん
ぐいん

1月23日(TUE)

立ちたい欲が芽生えてきました

両ワキを持つとすぐ羽ばたこうとする次男
パタパタ
パタ
パタ
パタ
パタ
パタ
パタ

1月24日(WED)

天使なのかにゃ〜? なのかにゃ〜?

次男が遊んでたオモチャを
あっくんちゃん
長男がとっちゃって
おにーちゃんがハンバーグにしてあげる
?
私の方を見てくる

1月25日(THU)

言いつけることを覚えました

草なぎくんのCMが流れると
ピタ…
マン！マン！マンゾク!!
イッポン マンゾク!!
2人とも動きが止まります

1月26日（FRI）

あのＣＭ、いいですよね

昨日はパパに会えなかった長男
ヒヨは
泣かないんだよ

1月27日（SAT）

強くなってきてる…！

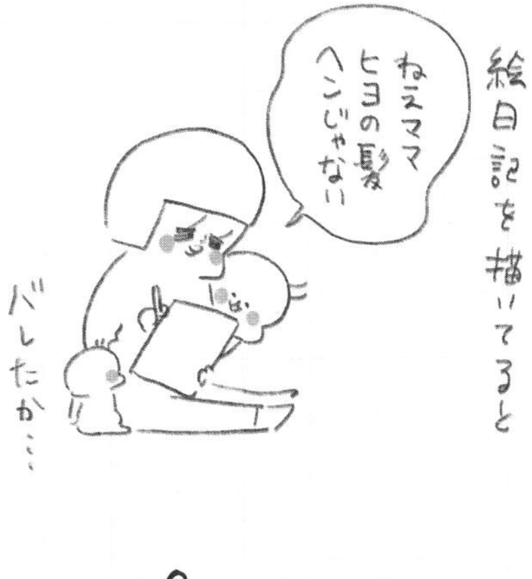
絵日記を描いてると
ねぇママ ヒヨの髪ヘンじゃない
バレたか…

1月28日（SUN）

似顔絵のデフォルメをしすぎてます

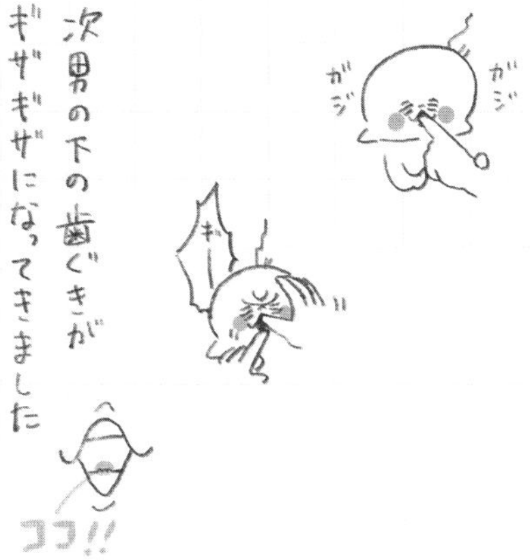
次男の下の歯ぐきが
ギザギザになってきました
ガジ
ガジ
ココ!!

1月29日（MON）

そろそろ前歯が生えそうです!!

レゴ職人

レゴを持って
何でも言ったもの
ちゃくりましょよ
※作りますよ
なんかかっこいい…

1.

「ゴリラ作れる？難しい？」って聞いたら
むじゅかしく
ない
カチャカチャ
1分後
ドンッ
はいゴリラ

2.

1月30日（TUE）

ちょっと私の絵では伝わらないけど、なかなかのゴリラ具合でした

テレビのリモコンを
テイスティング…
ついでにdボタン

ロッチのコカドさんを見た息子
だいすけお兄さんの鳴き声がする…
なんで?
んで、どういうことで、(あと鳴き声て)

1月31日(WED)

コカドさんとだいすけお兄さん似てるかな

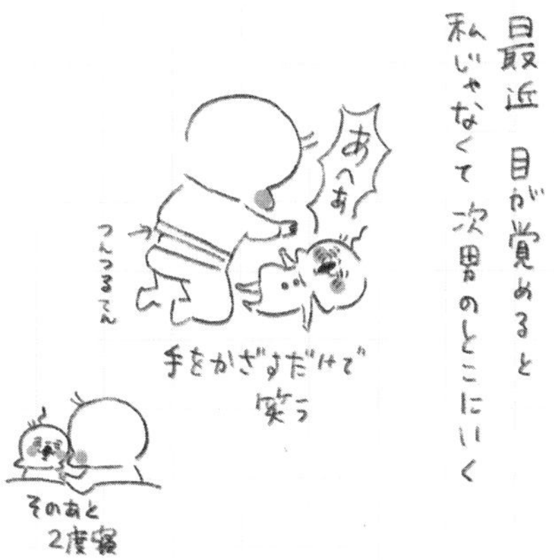
最近 目が覚めると
私じゃなくて次男のとこにいく
あへあ
つんつるさん
手をかざすだけで笑う
そのあと2度寝

2月1日(THU)

弟を可愛がってるの見ると嬉しくなります

長男とかくれんぼしてると
ヒヨは
ここにいるよ〜
ヒョッコリ
青山テルマがおるな
おうちに編集さんがきて打ち合わせ中
いっしょにがんばろーね
がんばってくれるらしいです

2月2日(FRI)

かくれんぼでも打ち合わせでも、顔を出さずにいられない長男

あっくんの頭に
毛玉ができました

2月 3日（SAT）

この毛玉集めてお手玉にしたい

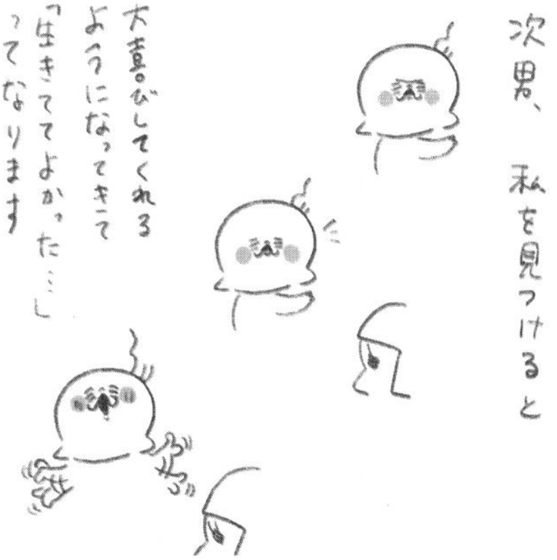
次男、私を見つけると
大喜びしてくれるようになってきて
「生きててよかった…」
ってなります

2月 4日（SUN）

存在するだけで喜んでくれるなんて

ひじきせんべいを
はじめて食べた
次男
（おいしかったようです）
んふー
おうー
ハム
おうー

2月 5日（MON）

テイスティング後の「おう〜」が好き

お引っ越し

ひっこし①（エアコン取りはずし中）
えっ
そんなん重いやん
業者のお兄さんの心配

1.

ひっこし②（エアコン取りはずし中）
ヒヨもイシュもてるよ
見て
んしょんしょ
自分もちから自慢

2.

ひっこし③（エアコン取りはずし中）
あっ、しょうだ
ヒヨの作ったスピーダー見せよう
レゴで作った乗りものの名前
いいよ
（いらないの意）

3.

ひっこし④（荷物はこびだし中）
急に動かなくなる

4.

ひっこし⑤（荷物はこびだし中）
部屋が空になるまで動かずでした

5.

2月 7日 (WED)

空っぽの部屋で動かない長男。この家で楽しい思い出いっぱいできたもんね

2月 8日 (THU)

ガ、ガサガサかなぁ…うん、ガサガサだ

2月 9日 (FRI)

「助さん格さんこらしめてやりなさい」

2月 10日 (SAT)

荷ほどきとか手続きとかいろいろあって…

2月 15日 (THU)

コーンがゆへの執着よ

となりの部屋からこっそり見てると
あっくん もち もち〜
あ〜あ〜
君もなっ

2月16日（FRI）

もちもちともちもちがもちもちしてた

ご飯全部食べたら ほめられるってわかってるから 照れながら
ごちしょーしゃまでした
って言う

2月18日（SUN）

上目遣いでチラチラ見てきます

オリンピックを初めて観た長男に 感想を聞いてみた
ヒヨ知ってるよ〜
これはね「雪」っていうの
ああ〜そっちを見てたか〜

2月20日（TUE）

ママは競技も見てほしかったよ〜

転んだ時、涙をゴシゴシふいて
ヒヨは
新しいおうちでは泣かないんだよ
自分で決めたようです

2月21日（WED）

自分で決めるところに成長を感じる…

次男が私を見つけると
バッ
手を広げて
前傾姿勢になり
足をピョンコピョンコさせる
こっちに来ようと必死なのかな
だとしたら愛しすぎて爆発しそう

2月22日(THU)

なんとか近づこうとしてて愛しさ爆発

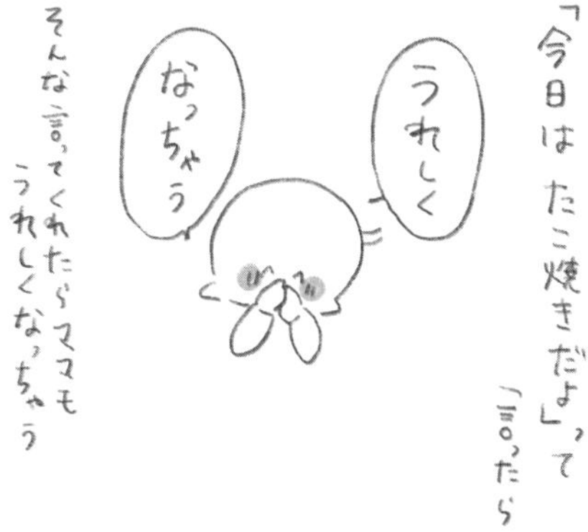
「今日はたこ焼きだよ」って言ったら
うれしく
なっちゃう
そんな言ってくれたらママもうれしくなっちゃう

2月23日(FRI)

たこ焼き美味しいもんね〜

3才あるあるでしょうか
えーとねー
ホイールローダはねえ
ハァ
ハァ
ハァ
ハァ
喋るとき息切れしがち
(あと上向きがち)

2月24日(SAT)

喋りたいことが多くて渋滞してます

さむくなると木の葉っぱはなくなるの?
なんで
あっ
雪おとこが食べちゃったか〜

2月25日(SUN)

そんな世界なら面白いね

オムツの
品質テストを
くり返す次男

2月26日 (MON)

テスト済みのオムツはビチョビチョです

次男が足の指を
食べはじめました
体どうなってんの

2月27日 (TUE)

赤ちゃんて骨ないのかな〜？

育児あるある(?)
忙しい時にかぎって
赤子が熱を出す
次男は
具合が悪いと
静かに泣く

2月28日 (WED)

忙しいセンサーがついてんのかな？

次男強し

兄弟ゲンカらしきものをするように…
しゃからないで
ガッ
LEGO
LEGO
ガッ
ワレ
やんのか

1.

「新しいおうちでは泣かない」と決めた長男
あっくんが
あっくんが
次男にレゴで作ったオモチャをこわされて泣いてました…
ドンマイ

2.

3月 1日 (THU)

近い将来、兄弟喧嘩で兄がボロ負けする未来が見えました。次男の方が気が強い

恐竜の化石を見た長男
なんで骨だけなると
死んじゃうの〜?
何から説明したらいいのか…

おんぶひもを買ったのですが
あれ？
ヒョッコリ
つけかたが下手で次男が
ヒョッコリしちゃいます

3月 2日 (FRI)

家事も仕事もおんぶのほうが楽かなと思って

テレビにネコがうつってたので
「ほらネコだよ」と言うと
ねこ いらない
トンちゃんが いい

3月 3日 (SAT)

トンちゃんも嬉しかろう

おんぶひものアドバイスを
いただいたのでやってみました
やりすぎかなってくらい高い位置で
中尾彬ばりのねじりを加える
!
ほんとにズレない!!!
ありがとうございます

3月 5日 (MON)

オッパイは強調されますが！

トイ・ストーリー3を
観てるときの私
水分全部出る

3月 6日 (TUE)

トイ・ストーリー３は名作やでぇ〜

息子の知恵袋

氷の入ったお茶を出された長男
冷たいの のんだら
体冷えてまうで
いっちょまえなことを

1.

チョコを食べてる私に
全部 たべたら
太って しまうんやで
くっ…知ってるよ…!!

2.

3月 7日 (WED)

わかりきったことを正面から言われると「くっ…」ってなりますね…

何かに気をとられるとマンガみたいに物を落とす
ハム ハム
ポト…

パパの誕生日

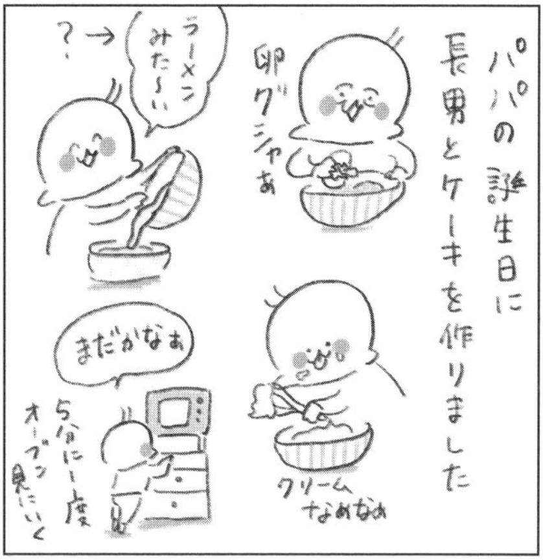
パパの誕生日に長男とケーキを作りました
卵グシャあ
ラーメンみた〜い
？→
クリームなめなめ
まだかなぁ
5分に1度オーブン見にいく

1.

かざりつけも長男にしてもらいました
息子の手書きプレート
パパのリアクション
なんやこれ

2.

3月10日（SAT）

パパのリアクションは塩でしたが、息子はとても嬉しそうでした。また作りたいなぁ

ん゛ーー
ん゛ーーっ
ビリッ
ん゛ーー
最近、力自慢をよくする次男…なぜ

パパが仕事に行く理由

パパに仕事に行ってほしくない長男
パパ お仕事いったら ちゅかれるんちゃう (疲れる)
ちゅかれへん方が ええんちゃう?
なんとか引きとめようと必死です
1.
なんと お仕事したら お金が もらえるねん
ええっ
2.
「ヒヨくんも大きくなったら 一緒にお仕事しような」と言うと
え、でもヒヨ
あっくんより ちょっと 大きいで
3.
ヒヨくんに「かわいいね〜」と言うと
ヒヨは
かっこいい だけ
さいですか

3月12日(MON)

お仕事するとお金がもらえることを知った長男。早く働きたいそうです

お尻で移動しはじめました

3月15日（THU）

恥ずかしがるのも含めて成長やね

最低なヒーロー誕生

パパと息子で部屋をキレイに
せんたく
パパ!!
はい!!
まどふき
そうじ
ぶおお
次男
見てる

3月17日 (SAT)

新しいお家だから汚したくないもんね

ポンポン顔あたるやつ見せて
ママ
こういうやつ
A. サカナクションの「新宝島」のPVのことである

3月18日 (SUN)

サカナクションにハマった長男

次男はじめてのストロー
ズ…
…お
おもったより早く口に入る
ゲホッ
おぅー
でも動じない

3月19日 (MON)

次男はリアクションが全て渋めです

次男が離乳食を拒否するように
(嫌がりすぎて二重アゴに)
ホレ

3月24日 (SAT)

あんなにパクパク食べてたのに…!!

2018.3

くつ下はいて
ムリ
「くつ下はけたよ」ってパパに報告したいんだけど

3月25日(SUN)

パパに褒められたい長男

4月から保育園にいく長男
制服の試着中
ブカブカ
一気にお兄さんっぽくなってジーンときてしまいました
ブワッ

3月26日(MON)

どんな保育園生活が待ってるかな

パパの帰りがおそい夜
ねーねー
パパかっこいいよねー
「えっ？ヒヨはパパよりおっっっきくなるぞっ？
ぐ
めばえはじめたライバル心

3月28日(WED)

まさかのパパへのライバル心！　意外！

次男 オモチャ(紙)を取られて威嚇してました
スッ
ギャギャギャ

3月30日(FRI)

威嚇音も可愛い

緊急対談

夫婦のはなし！③

皆さんから頂いた質問にやまもと夫妻が答えます！

やまもとりえ（以下、Ｒ）　次の質問です！　「**老後は何をしたいか？**」。私は、海外旅行。夜更かしして映画や海外ドラマを観る。

トモヒト（以下、Ｔ）　老後に夜更かしはせんやろ（笑）。同じく海外旅行やなぁ！

Ｒ　むしろ早起きして映画鑑賞？

Ｔ　時間の使い方はそうなるんちゃうかな。お互いに趣味見つけないとアカンね。

Ｒ　無趣味夫婦ですものね。釣り行こ！

Ｔ　あー！　いいねぇ！　釣り始めたい！

Ｒ　老人2人で釣り。

Ｔ　じゃー海外で釣り。で決まりやな！

Ｒ　そうしよ！　次ぃーー！　「**旦那さんに家族の絵を描いてほしい**」そうですよ。今描く？　ほかの質問先にする？

Ｔ　描こうか？

（描いてる）

Ｔ　これで許して。

Ｒ　最高!!　次は「**馴れ初めを教えてください**」。私が働いてたデザイン事務所に出入りしてた印刷会社の営業さんでしたね。私が27であなたが23。23才て学生さんですよね…。

上手い…！（編集Ｉ）

Ｔ　出会ったときはそんな歳か！　若かったね。

Ｒ　若いのに落ち着いてて、穏やかだなーと思いました。

Ｔ　そして「猫（トンちゃん）を飼い始めた」って聞いたから、「これや！」ってお互いに近づいたんやね。

Ｒ　一緒にキャットタワーを買いに行ってね。2人であちこち行ったけど付き合うまで半年以上かかったかな？

Ｔ　仕事で初めて出会ってからだと、4年後の出来事やね。

Ｒ　そうね。私もいい歳してモジモジしてました…。

Ｔ　そうこうしてるうちにオレが実家を出て、クセの強い部屋に転がり込んだんやね。

Ｒ　ベランダにトイレがある家ね。あのボロボロの家にきても引かないでいてくれてありがとう…。

Ｔ　トイレも、流すときはくす玉を割る感じで紐を引っ張るタイプやったね（笑）。

Ｒ　おめでたくっていい感じでしょ。

Ｔ　いい感じちゃうわ。コンセントは全部延長コードを壁に貼り付けてあるだけのやつやし。

Ｒ　ほんとにね、今思うとすごい部屋に住んでたね。

Ｔ　戻れって言われても無理やな。

Ｒ　ボロい家の話になってきてるけど…馴れ初めはこんなもんかな？

Ｔ　そうだった。馴れ初めの話やったね。

Ｒ　さっき話したけど、カレー屋さんで私が泣きながら「結婚してほちい…」って言ったのはよく覚えてる…。

（編集Ｉ「泣かれたとき、どう思いましたか？」）

Ｔ　カレー屋さんで泣かれたときは、自分が幸せにしてやろうって覚悟した瞬間でした。

Ｒ　えっ。ちょっと驚いてる…。私が男だったら結婚してって泣きながら迫る女、面倒くさいだろうなと思うし、器が違うなと…（笑）。たぶん近くの席の人は会話聞いて引いてたと思う…「うわぁ!?」みたいな…まぁ、それくらい結婚したかったんで…ええねや…（涙）。

Ｔ　トンちゃんがキューピッドで、カレー屋が結婚の決め手ってことやね！

Ｒ　そうね、トンちゃんとカレーのおかげです。

（Ｐ205「夫婦のはなし！④」につづく）

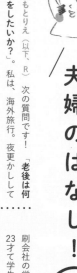

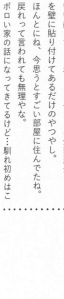

第3章

登園拒否とお母さんは格闘中！

2018

4月 3日（TUE）-8月 3日（FRI）

入園おめでとう

4月になると
息子たちが
保育園に
通いはじめました
それと同時に
長男の
イヤや
いかへん!!
登園拒否が
はじまりました
それは
ホホホ
うちの子
保育園
いやがっちゃって
なんてな
可愛いもんではなく
うおお
結構はげしいもので
毎朝毎朝
うああああ
うっわ
大変…
同じ園の
親子
まるで戦いのようで…

朝のうちに
全体力
使ってしまうな
ズーッ
カチャ
なんであんなに
嫌がるのかな…
仕事する
前から
こんなに
疲れる
なんて…
はあ…
まあでも
数日もすれば
息子も
慣れるでしょう
ス…
しかし1カ月経っても
マシになるどころか
まてまて
まてまて
ピューー
日に日に
エスカレートしていき
名物化「走って逃げる」の図
ついには前日の夜から
ね゛な゛いーー
おきたら
保育園やから
号泣するように

こんなに嫌がってるなら
ぐーー
いっそのこと本人が行くって言うまで休ませてみようかな…
夫に相談してみたら
仕事は？大丈夫なん？
う…
大丈夫…ではない
その頃ちょうど仕事の多い時期で子どもが寝たあとも仕事をしてやっとの量でした
行かせないのは最終手段で
今は慣れるのをもう少しまってみよ
オレもできることやるから
うん

行かせると決めたら
あとやることは1つ
ゴソゴソ
あのTシャツは…
息子に
笑ってもらいたい
ヒヨくんオハヨ♡
せいいっぱいの変顔
息子の好きなTシャツ
イマジン
お、笑った
ふ…
制服きよか
イッヤダ
失敗…
自じぎすぎたか…
次の日
ヒヨくん外で朝ごはんたべよっっか♡
…うん
早朝に2人で散歩したり
公園でごはんを食べたり
抱っこして
おはなししたり
（次男はパパに見てもらって）

それでも保育園につくと
泣きだしちゃう息子
そんなある日――
せんせい
あ、お母さん
すみません 園長がお話があるようでして…
なんだろう…
ドキドキ
注意でもされるのかな…
どうですか〜 ヒヨくん
おうちでの様子は
えんちょう
あ…すごく…泣いてしまって… 制服きせるとあばれだして… ご迷惑を…
ゴニョゴニョ
大人でも慣れないところは不安ですし
制服が嫌なら着なくったっていいんです
私たちはヒヨくんが安心して来られるようがんばりますし お母さんもムリしないでくださいね
怒られるかもと思ってたから
す…
すみません ありがとうございます…
ちょっと泣けた

←次ページは、入園ちょっと前の日記からはじまります。

新幹線に乗ると
ふぉお…
いつも穏やかな次男が
荒ぶりはじめて
おしぼりで隣の人をしばきだしたり…
ごめんなさい…
あ いいっすよ
いい人でよかった…ごめんなさい
エビぞりになって
うおあぁぁ
大泣きするので
自分の席に座ってる時間はほとんどないです
多目的室で授乳かドアの前にいます

あっくんと新幹線の相性×

4月3日（TUE）

東京へ GO!!

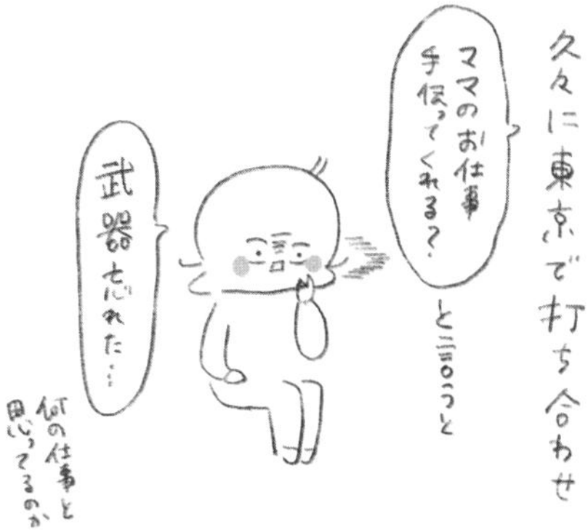
久々に東京で打ち合わせ
ママのお仕事手伝ってくれる？
と言うと
武器忘れた…
何の仕事と思ってるのか

仕事相手倒されたら困るよ

打ち合わせ中
おあ゛あ゛あ゛あ゛あ゛
あ゛あ゛あ゛あ゛お゛お゛
すみませんすみません
ママはやく帰っておにぎりたべよ
このあとおにぎりたべました

ご迷惑おかけしました…

じぃじとばぁばが来た

今日は鹿児島から
じいじとばぁばが来るので
ロボットを見せないと
レゴで作ったロボットをリュックにつめる
大人みたい？
カバンとリュックをもってると大人だと思ってる

1.

駅で会うなり
ロボット見て!!
まだ改札でたばかり

2.

4月　4日　(WED)

入園式に参加するために鹿児島からじいさんとばあさんがやってきました

入園式の前日
ほいくえん行かない
ほいくえん嫌い
制服も嫌い
嫌な予感しかない…

4月　6日　(FRI)

こうなるだろうなぁとは思ってたけど…

入園式

入園式の日
自分でコッソリ制服に着がえていた
(絶対に泣いてだだこねて着ないと思ってた…!!)

1.

入園式なのにクマのリュックを背負っていくと言う息子
よしこれで行こう
クマさんの中にはあっくんのオモチャ入れてる
すぐ泣くから
あっくんは
スーッ

2.

パパがギリギリ式に間に合ったのでめっちゃニコニコになりました
あっくんはすぐに寝てました
義母

3.

4月 7日 (SAT)

親の予想に反して、全く泣かず自分で制服を着ていたので、もうただただびっくり！

4月8日（SUN）

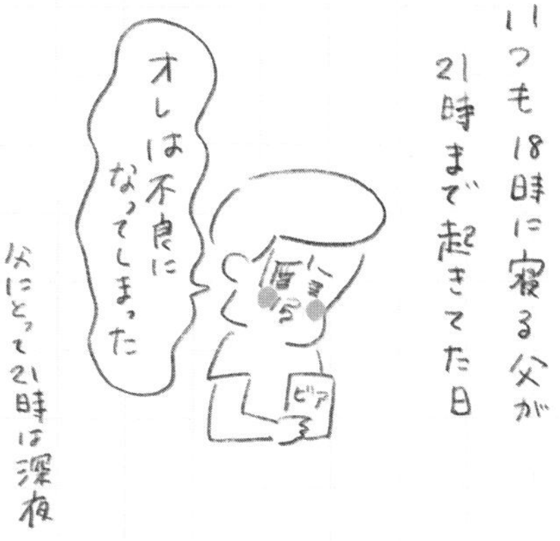
いつも18時に寝る父が21時まで起きてた日
オレは不良になってしまった
ビア
父にとって21時は深夜

起きるのは夜明け前

どこかに出かけるとキンチョーしてすぐお腹こわす父
吉本新喜劇見にいった日も
京都に行った日もおなかゴロゴロで楽しめず…
不幸な体質

これ、本気で心配です

近くの保育園を毎日観察してた父
（息子が通うところ）
・・・
不審者と思われるからやめろ
母から怒られてました

完全に不審者

大仏を見た長男
でっけえな

いつもながらシンプルな感想

保育園初日

4月 9日 (MON)

初日は慣らし保育で2時間だけ預けました。長男は泣いて次男は動じず(次男も同じ保育園の分園に入れることになりました!)

2018.4

保育園2日目

保育園2日目
制服を見たとたん
いやっ
さみしくっ
なっちゃうっ
からっっ
制服きる↓保育園↓ママいない↓さみしい

1.

登園中、号泣してたら
「うわあああ」
なでなで
↑泣きながらも歩いてる
同じ保育園の女の子になぐさめられる

2.

むかえにいくと笑ってる自ば子
お庭に出たら涙が消えたんだよ
園庭で遊ぶのが楽しかったご様子(よかった)

3.

あっくん保育園2日目
ニコォ
ニコニコしててみんなのアイドルでした
すごいな君

4.

保育園の家庭訪問
ヒヨのレゴであしょぼー
まだ園では大人しい長男だけど自分の家なので積極的でした
わきゃう
喜ぶ次男

5.

4月10日(TUE)

この日から長男は制服を見ると泣くようになりました。次男はニコニコ

4月XX日(XXX)

じいじとばぁばが鹿児島に帰る日
え なんで…
さみしくなるやん…
泣く父

入園式を見届けた両親は帰っていきました

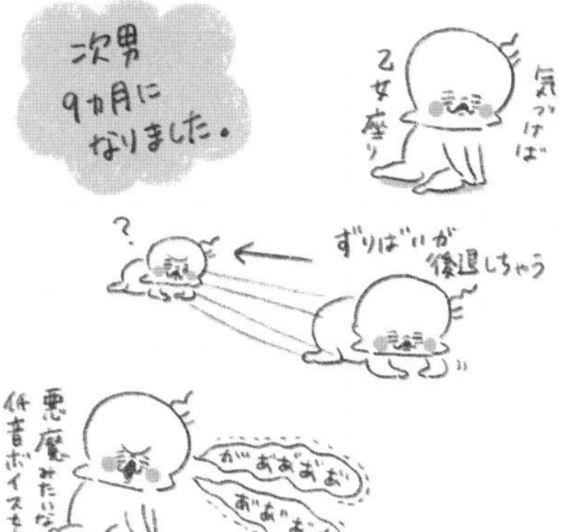
次男9カ月になりました。
気づけば乙女座り
ずりばいが後退しちゃう
悪魔みたいな低音ボイスも出す

乙女座りでデスボイス

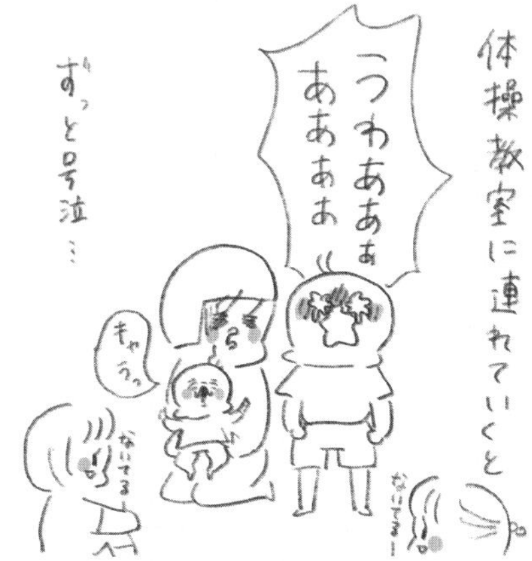
体操教室に連れていくと
うわああああああああ
ないてる
ないてる!
ずっと号泣…

最後まで何もできずに帰宅…

真面目に考える事が増えてきたので
1時間に1度この顔するように心がけてます
ポーズもプラス

この頃がピークで疲れていました

2018.4

保育園3日目

保育園3日目
やっぱり泣いちゃう長男
ママ…さみしい…
靴をはくまで5分はかかる
1.
園に着くと泣きやむ
うさぎさん見にいく
↑園で飼ってる
動物好きなのでそれは楽しみらしい
2.
あっくん保育園3日目
今日はちょっとだけ泣きそうだった
ピョコ
ピョコ
3.
むかえにいくと
今日は一度も泣かなかったしごはんもおかわりしてきました
ころんでも泣かなかった
ホントにこういうポーズする→
少しずつ自信がついてるようです
4.
自分で食べたいペースがあるみたいで口にまだ入ってる時にスプーン近づけるとこういう顔します
保育士さんのモノマネうまかった
5.

4月 11日 (WED)

やっぱり泣いちゃう長男と、少し泣きそうな次男。迎えに行くと２人とも笑顔

保育園4日目

保育園4日目
寝おきはゴキゲン
オトゥペトゥペ♪
制服きせると泣きだす
おうちが好き…
ママもおうち好きだから気持ち分かるよ
1.
あっくん4日目
いつも朝はゴキゲン
パン
園に着くとしんみり…
次男も気づきはじめている…
2.
ちょっと早めにむかえにいくと
お友達と並んでごはん食べててそれだけのことですがなんか感動しました
3.
帰り道
ヒヨは
大人になった
すごい自信…よかった…
でも水筒ひきずらないで
がが
がが
4.
あっくんもむかえにいくと
イスに座れるんだ…!?
そ…
ちゃんとイスに座ってました
5.
あっくんをむかえに行ったとき
私を見つけたとたん泣きだすので胸がぐってなる
6.

4月12日(THU)

少し自信がついてきた長男、次男は少しずつ保育園の存在に気づきはじめている

2018.4

保育園5日目

保育園5日目…
朝からモリモリ食べ
ママ
大好き～
よし今日は大丈夫と思ったら
さみしくなっちゃうっ
制服着せるとこうなる

1.

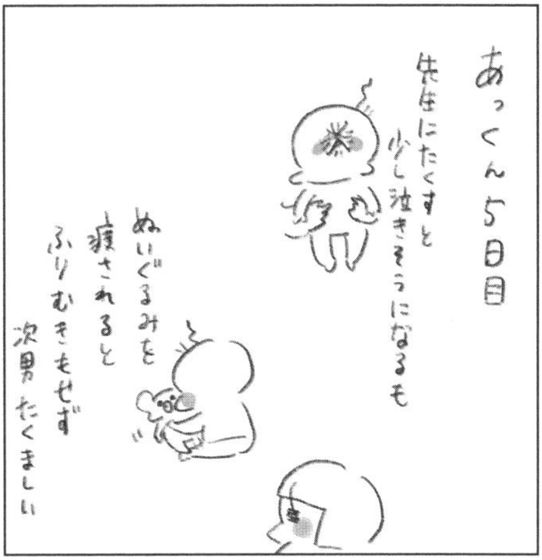
あっくん5日目
先生にたくすと少し泣きそうになるも
ぬいぐるみを渡されるとふりむきもせず
次男たくましい

2.

1週間通った保育園で
センセーさようなら!!
はじめて先生に「さようなら」が言えました

3.

あっくんおむかえ
ミルクものまないしごはんも2口しか食べなかったです…
そうなのか…心配…

4.

4月13日（FRI）

はじめて「さようなら」が言えた長男、次男は少し元気がなくて心配

風邪フェス

土日は全員風邪でした
ゴホ
お゛お゛お゛

1.

熱がありながらもみなさん元気に歌っておりました(カオス)
ファイヤー
ファイヤーファイヤー
どっどどっどどっど
だだだ
ラップの芯

2.

4月14日（SAT）〜15日（SUN）

保育園から風邪をもらってきて、全員朦朧《もうろう》としながら歌いまくってました

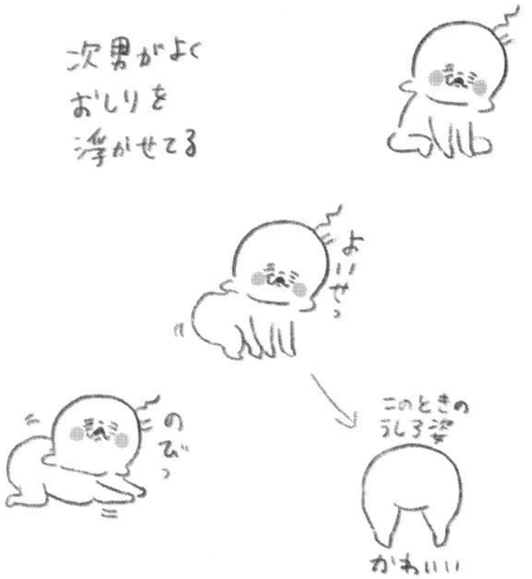
次男がよくおしりを浮かせてる
よいせっ
のびっ
このときのうしろ姿
かわいい

2018.4

それぞれの調子

今日は泣かずに保育園いけました
ヒヨくん おはよう ございます
バンバン
先生をうつんじゃない

1.

今日は調子がでない次男…
あああん〜
ぶえぇ
うわああ
みんな休み明けなので泣いておりました

2.

4月16日（MON）

休み明けで調子のいい長男とまだ調子の出ない次男

息子、熱があるので今日は休み
ママ〜
たたかお〜
でも超元気…!!（ねててくれ…）
んピ
ピ
鼻息

4月17日（TUE）

子どもって風邪でも元気ですよね

なじめない

保育園のお迎えに行くと
同じクラスのママさん達が立ち話をよくしてるので
そうやな
あはは
ほんまや
うちもー
わっ私もっ会話に加わろうっ…
よし…!
ドキドキ
ドキドキ
と思いながら気がつけば通りすぎてます
あはは
そして半年が過ぎました…
以前、お仕事関係の方に
子どもが関係するイラストやマンガの仕事してるって言わない方がいいですよ
そうそう
タダで描いてってって仕事たのまれても
子どもが絡むと断りにくいんですよ
そう聞いていたのでめずらしくママさんに話しかけられた時
ヒヨくんのお母さんは何の仕事してるんですか…
話しかけられると思ってなかった
「スーと家で…いろいろ…
ちょちょちょ〜っていろいろやってて〜
え…
と
「あやしい奴」決定

病院DAY

1.
次男を小児科へつれていくと
ズボ
チュイーン
お汁がないねぇ
鼻を吸われてかたまっていました…
2.
長男を保育園にむかえにいくと
目ヤニができだして
もしウイルス性だったらよくないので隔離してました
次から次へといろいろあるなあ
ちょっと嬉しそう
3.
その後すぐ眼科にいくと
発症から半日くらいじゃアデノウイルスかわからんので
1日様子見てみましょ
そんなわけでまた休みです
次男のハイウェスト
かわいい（それだけ）

4月18日（WED）

病院から帰ってきて、保育園行ってまた病院。いろいろもらってきますね

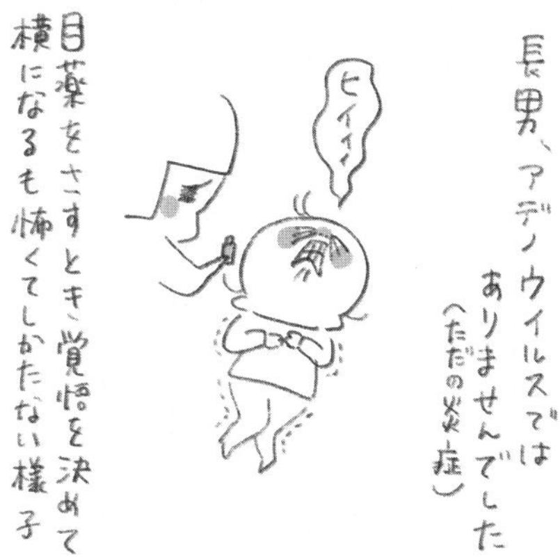
長男、アデノウイルスではありませんでした
(ただの炎症)
ヒイイイ
目薬をさすとき覚悟を決めて横になるも怖くてしかたない様子

逃げないだけえらいと思います

4月19日(THU)

次男
気がつけば
つかまり立ち
してました
ニコッ

ハイハイする前に立っちゃいました

兄弟のふれあいを見るのが
あっくん
レゴは
食べたら
あかんで
あー
LEGO
今一番の楽しみ

2人で遊べるようになってきました

2018.4

リセット

1度休んだからか
がーえ゛ーる゛ー
お゛ーづーぢー
ずるずるずる
今までで一番のぐずりを見せる
せっかく慣れてきてた保育園
ママ…
ママといたいのに…
リセットされました
園庭にて
しかし、むかえにいくと
ねんどを見たらコーフンして泣きやみました
ボスをちゅくった
はじめての粘土にテンションアップ
息子の考えたかっこいいポーズ
あっくんは他の赤ちゃんと
遊んでました
ひなたぼっこしたり横の子のごはんに手を出したりゴキゲンでした

4月20日（FRI）

少し慣れたかなと思うとまた休んでリセット。制服も靴も脱ぎ捨てられました

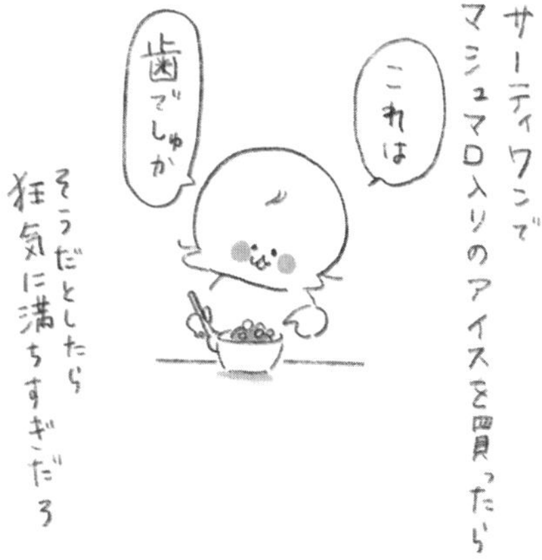

サーティワンで
マシュマロ入りのアイスを買ったら
これは
歯でしゅか
そうだとしたら
狂気に満ちすぎだろ

4月21日（SAT）

「歯のトッピングでーす」

手をグネグネ動かしながら
あれ…あれ…
ビームが出なくなった…
今まで出てたのか…

4月22日（SUN）

それまではビーム出てたようです

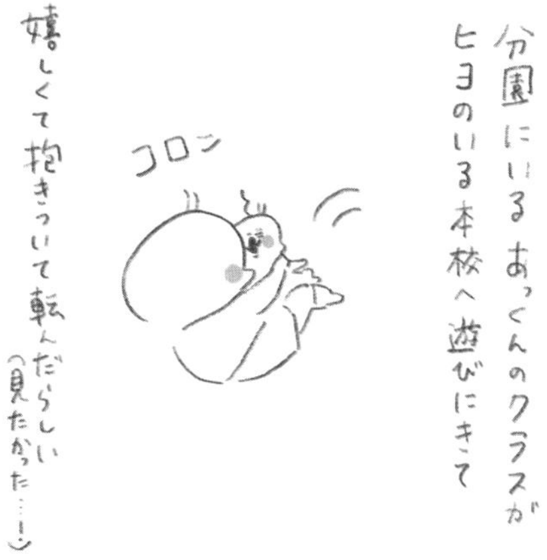

分園にいるあっくんのクラスが
ヒヨのいる本校へ遊びにきて
コロン
嬉しくて抱きついて転んだらしい
（見たかった…！）

4月23日（MON）

いつもは別の場所にいる兄弟が感動の再会

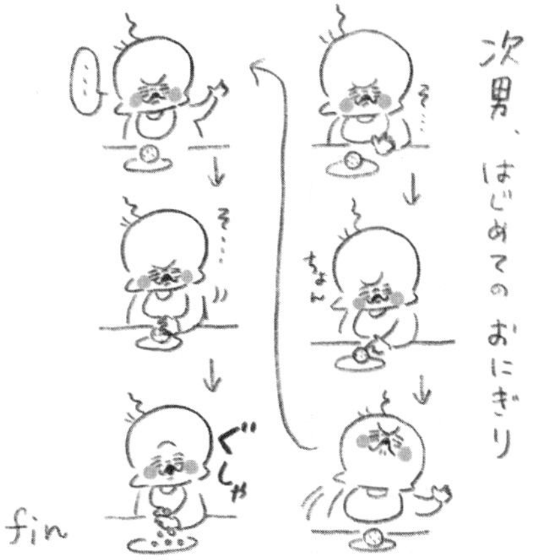
次男、はじめてのおにぎり
そ…
ちょん
…
そ…
ぐしゃ
fin

4月24日（TUE）

手が米だらけになり終了

前回、何にも出来なかった運動クラブで
ママーできたよ〜
泣けた

4月25日（WED）

不安そうな顔がほころぶ瞬間

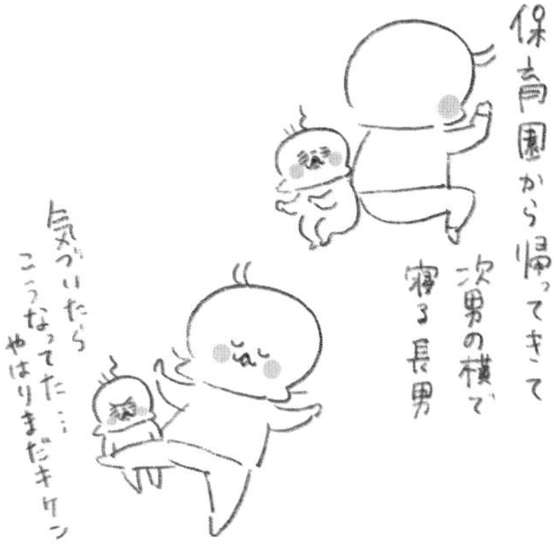
保育園から帰ってきて
次男の横で寝る長男
気づいたらこうなってた…
やはりまだキケン

4月26日（THU）

次男も小さく唸《うな》るだけ

涙とサカナクション

今日はパパも一緒に登園（4月最後の保育園）
イヤだァァ
制服っ
きーないいいい
あまりのはげしさにびっくりしてた
すごかったな…
オレ今日パソコン打たれへん
近所のカフェのお姉さんや
今日は泣かずに行けましたー？
同じクラスのママさん
今日も泣きましたー？
他のクラスの先生も
今日はどうでしたー？
みんなヒヨくんが泣いたか聞いてくれる（いらんことで知られてしまった…）
今日ヒヨくんがはなうた歌ってたので
「何の歌？」って聞いたら
「サカナクション」って
ママ
サカナクションの人に電話して
聞きたいことがあるらしい
ごめんなママサカナクションの番号知らんくて

4月27日（FRI）

よく泣く長男もサカナクションを歌うとご機嫌に…ありがとうサカナクション

2018.5

姉がきたよ

うちの姉が大阪に来るので「おばちゃん遊びにくるよー」と言うと
おばちゃんとゾンビはこわいよ
ゾンビと同類にされてる
1.
そして姉に会うなり
ハロー
バン
バン
撃つな撃つな
2.
でもなんだかんだ手をつなぐ
コレと手つなぐで
コレじゃないでしょ
3.
あっくんはヘアヘア言ってました
ヘアヘアヘアヘアヘア
4.

5月　1日（TUE）

姉はイジってもいいキャラとして認識してるらしい（姉も喜んでいる）

保育園のおむかえの時
同じクラスの子をさそってて
ヒヨのおうち来ていーよ
うん
ワヘワヘワヘワヘ
ママに止められてました

友達は出来てきたみたい…?!

ヒヨ知ってる
海が雨になってるんや

海が降ってくるなんて素敵だね

5月 2日 (WED)

姉と息子の会話
ママはオバさんちゃうでオッパイ長いから
オッパイ長いってことがもうオバさんの証拠だよ
なんの話よ

私のおっぱいのことは放っといて

3才児は「ウ○コ」と言えば笑うと聞いてたので言ってみたら
何が
だれの
まだ早かったか…
（もしくは遅かったか…）

私も唐突すぎたか…

姉のこと

親友は誰?と聞かれたら
夫と
姉妹です
ピースじゃないよ 2人だよ
と答えるくらい
今は仲のいい姉妹ですが
イエーイ
幼い頃は
ギャー
ちょっとこっちきて
お姉ちゃんのマンガボロボロにしただろ
ぶっ○す
6才上の姉には
ふう
ボロ…
口でも手でも敵わないので
母親に言いつけるが
たたけ
↑たいていこう言われる
ポカ
スカ
知らんっ
お姉ちゃんなんてギラーイ
→自分が悪くても認めない次女似

もしくは
国語のテストで
問10
「しかも」を使って短文を作りなさい
→こういう問題が出ると
必ず
おねえちゃんはケチです
しかもアホです
姉の悪口を書いて
うさ晴らしをして
お姉さんと仲よくね
先生に
心配される始末
それから大人になり
なにがきっかけか
ハロー
姉とも仲よくなり
毎年大阪に
遊びにきてくれる
ようになりました
きたよー
(私に会いにきてる
というより
劇団四季を
観にきてる説も
ありますが……)
四季マニア
マチソワ
すっから
そんな姉が
保育園拒否中の
長男を見て
保育園イヤやあぁ

ヒヨくんの気もち
手に取るようにわかるわー
親はよかれと思って
いいとこに入園させてくれたんだけど
でもそこしつけや教育に
めちゃくちゃきびしくて
もうホントそれが嫌で嫌で
イヤだぁ
毎朝ダダこねて脱走もして
その時周りの大人たちを困らせてたのもわかってたんだけど
本人が一番どうしていいかわかってないから
親や子どものせいじゃないと思うよ
うるっ
お姉ちゃんって
なんにも考えてないんだと思ってた…
今までごめん
なんなの

姉の好きな四季メンバーは「時也さん」です

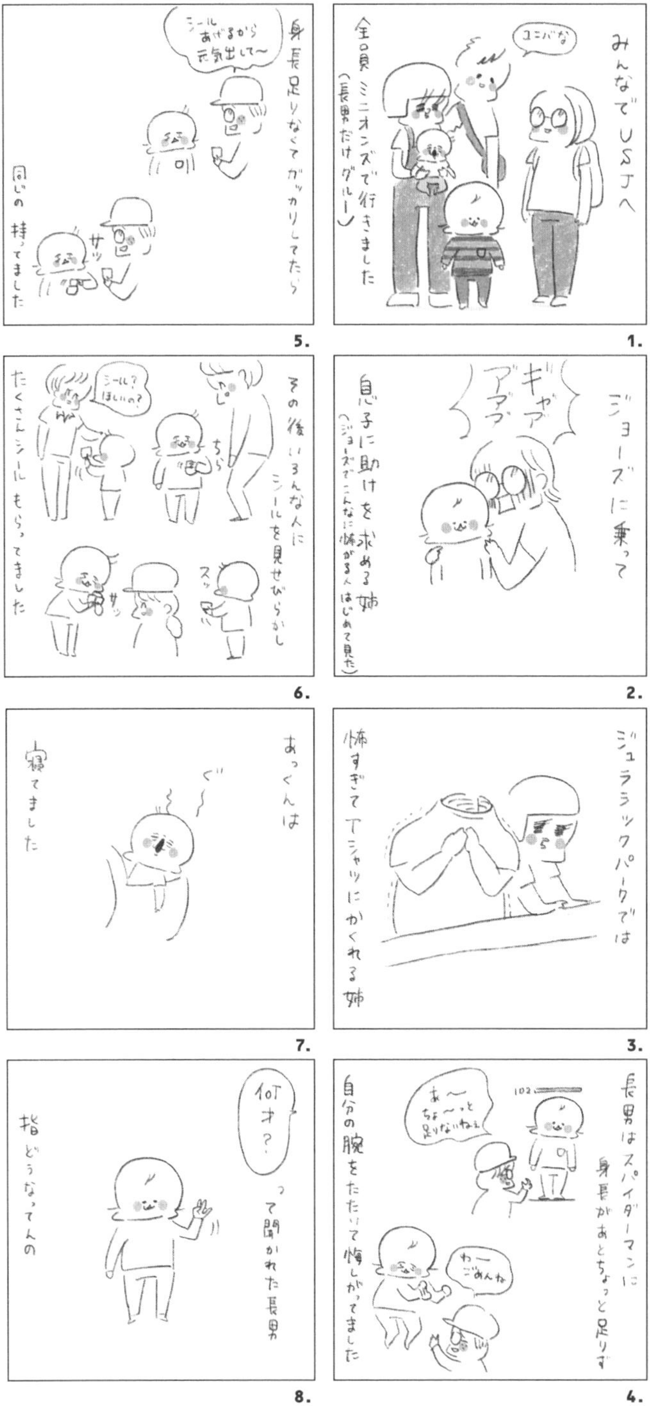
1.
みんなでUSJへ
ユニバな
全員ミニオンズで行きました
（長男だけグルー）
2.
ジョーズに乗って
ギャア
アアア
息子に助けを求める姉
（ジョーズでこんなに怖がる人はじめて見た）
3.
ジュラシックパークでは
怖すぎてTシャツにかくれる姉
4.
長男はスパイダーマンに
身長があとちょっと足りず
102
あ〜
ちょ〜っと
足りないねぇ
わー
ごめんな
自分の腕をたたいて悔しがってました
5.
身長足りなくてガッカリしてたら
シール
あげるから
元気出して〜
サッ
同じの持ってました
6.
その後いろんな人に
シールを見せびらかし
ちら
シール？
ほしいの？
スッ
サッ
たくさんシールもらってました
7.
あっくんは
ぐ〜
寝てました
8.
何才？
って聞かれた長男
指どうなってんの

初めてのユニバ

5月4日（FRI）

息子たちにとって初めてのUSJ。まさかの私の姉の方がリアクション大きいという驚きの結果。長男は怯《おび》える姉の前でいい男モードに切り替わり「大丈夫やで、可愛いね」とか言い出し、姉の叫び声ばかりが響いておりました。長男は相当楽しかったらしく、その後、数ヵ月経っても「○○ちゃん（姉の名前）とユニバいったなぁ」と繰り返し反芻《はんすう》しておりました。

緊急対談

夫婦のはなし！④

皆さんから頂いた質問にやまもと夫妻が答えます！

やまもとりえ（以下、R）　さて次！「**習い事はさせるか？**」。共通してやらせたいのは、スイミング、くもん。私が個人的にやってほしいのはダンス。

トモヒト（以下、T）　サッカーさせたい！　というかチームプレーが身に付く何かをやらせたいなぁ！

R　いろいろやらせてみて、自分でやりたいこと見つけてくれたらそれが一番嬉しいかな。

T　親としてはやりたいことを見つけてあげたり、やらせてあげたりする環境作りを頑張りたいと思ってるよ。

R　ほんとそう。それができたら、理想的だと思う。さて次！「**入れ替わったらやってみたいことは？**」私は…パパっ子の子どもたちの愛を受け止めてみたい！

T　たまらなくかわいいけど、母性とはまた違うもんなんやろか？

R　どうなんだろう？　でもたぶん父性も母性も、愛着からきてるだろうから同じじゃないかな？　話が戻るけど、子育てで大切なのは、子どもたちの情報を共有することかなぁと思っていて。息子たちが、今何が好きか何にハマってるか、何ができるようになったかを、平日仕事で一緒にいられない分を伝えたり、その逆でトモくんが見ててくれたときは、教えてもらう。そういうコミュニケーションとか共通認識ってなにげに大事だよなぁって思ってる。

T　確かに！　これができたとか、こんなことしてたとか動画を送り合ったりして共有すると、息子たちへの理解がスムーズ！　特に長男は、最近急にボケてきたりするから、前情報がないとできないツッコミもあるし、予習は必須やね（笑）。

R　私と長男との間だけのボケを誰にでも通じると思ってるからそれで保育士さんもよく戸惑ってるよ。それでは最後の質問。「**息子たちと自分たちが似てると思うところは？**」。

T　長男と似てるところは頑固さかな。一度決めたらなかなか曲げへんところは、似てるかも。次男とは、ヘラヘラしてるところかな（笑）。

R　私は長男のビビリなところ、集団の中に入れなかったり、言葉に敏感なところ。次男は私より先輩なんじゃないかと思うくらいドッシリしてるから、あんまり似てないかも…次男が羨ましい。

T　確かに長男は言葉の1つひとつに引っ掛かって、納得するまで質問攻めやもんね（笑）。次男の貫禄は我々夫婦にないもんやな（笑）。いったい誰似なのか。

R　長男の言葉に敏感なところは、そういうお年頃なのか、性格なのか…。私も自分の母親から「言葉に敏感でいちいち揚げ足取る」って言われてたから遺伝なのかな。

T　揚げ足取ってたんや（笑）。言葉を大事にするってことやから良いことやと思うけどね！

R　ありがとう（笑）。そういうことにするわ。次男は人見知りもしないし、どんな風に育つか未知数。

T　兄弟でタイプが違うからお互いに刺激し合ってちょうどいい具合になったらいいね！

R　そうだね。トモくんのとこも、私の兄弟もみんなキャラが違うし育った環境は同じなのに不思議なもんだよねぇ。

T　これからの成長を温かく見守っていこう。

（完）

普通の夫婦の普通の会話を読ませてしまってすみませんでした…!!
byやまもとりえ
きょうみないと思いましゅ
ねー

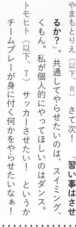

四季マニアとキャッツ鑑賞

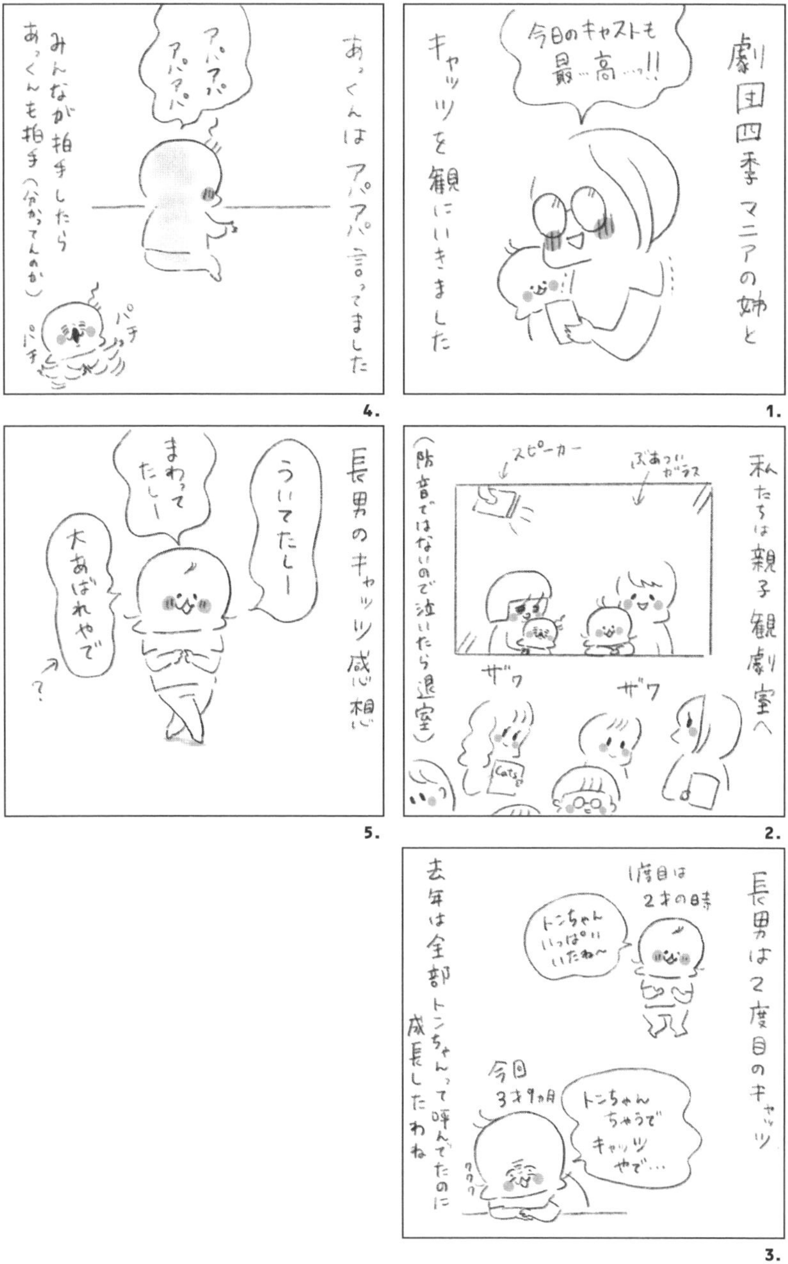
1.
劇団四季マニアの姉と
キャッツを観にいきました
今日のキャストも最…高…っ!!
2.
私たちは親子観劇室へ
スピーカー
ぶあつい ガラス
ザワ
ザワ
(防音ではないので泣いたら退室)
Cats
3.
長男は2度目のキャッツ
1度目は2才の時
トンちゃんいっぱいいたね〜
今日 3才9カ月
トンちゃんちゃうでキャッツやで…
ワクワク
去年は全部トンちゃんって呼んでたのに成長したわね
4.
あっくんはアパアパ言ってました
アパアパアパアパ
みんなが拍手したらあっくんも拍手(分かってんのか)
パチ
パチ
5.
長男のキャッツ感想
ういてたしー
まわってたしー
大あばれやで
?

5月 6日 (SUN)

姉の趣味とはいえ、おかげで息子たちにいいものを観せられてるなと思います

ゴールデンウイーク明け…

おゔぢー
うわああ
ダッダッ
1度着た制服をぬぐ
いーがーなーいー
逃げようとしてひっぱられて私がころぶ(雨の日)
ムリやりひっぱって登園
うわぁぁぁ
ずるずるずる

1.

おむかえいくと超ゴキゲンで
今日はすごくおりこうでしたよ~
ヒヨはバクダンやで!!
そうかい…(脱力)

2.

5月 7日 (MON)

雨。２人分の荷物と布団。暴れて逃げようとする長男。転んでビショビショになる荷物…

サカナクションの山口さんからコメント来たことを息子に伝えると
おうち遊びきてもいいでって言って
ごめんなママ そんな気軽に誘える仲ではないんだ

ヒヨくんとサカナクション

夫との会話中
あのバクマンのさ〜
主題歌いいよね〜
サカナクションやろ？
あ、YOUTUBEにチャンネルあるやん
新宝島
こ〜のま〜ま き〜み〜を
そうそうコレコレ〜
これが息子と
サカナクションの出会い
チュドーン
それから
ママ
またあれ見せてっ
サカナクションを正座して観賞するようになり
ポンポンあたってる
テレビにサカナクションが出ていると
ピ
敬礼するようになり
スーパーでサカナクションの曲がかかってると
これサカナクション知ってる？
レジでからむようになりました

3才児をも魅了するサカナクションすげぇ

耳鼻科にて

今朝、起きたら目ヤニがすごかったので
(はなみずも)
※ヒヨくんです
保育園休むことに
(また隔離になりそうだし)

1.

保育園休みとわかったら
ヒヨママに優しくしちゃう
普段からそうであれ

2.

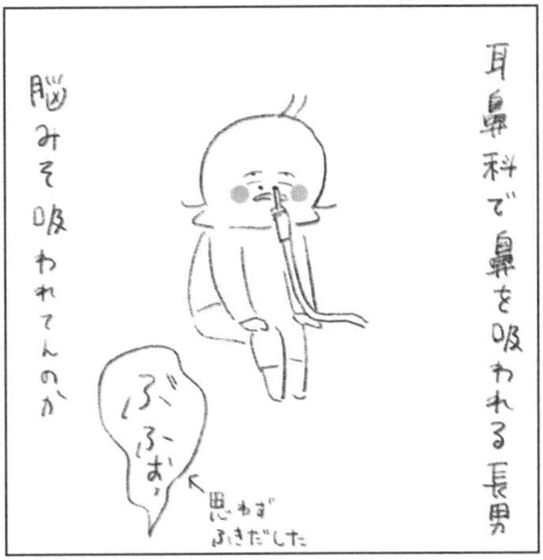
耳鼻科で鼻を吸われる長男
ぶふぉ
思わずふきだした
脳みそ吸われてんのか

3.

ずっと触らせてもらえなかった兄のオモチャを手にした瞬間の次男

5月 8日 (TUE)

長男が耳鼻科で鼻を吸われる瞬間白目むくのなんなんだろう。意識が飛ぶのか…？

5月12日(SAT)

そういう子もいるんですってね

5月13日(SUN)

ニヤニヤしながらクルクル回ります

5月14日(MON)

感情の入った泣き方してました

5月15日(TUE)

ついにハイハイしないままつたい歩き

泣かずに行った日

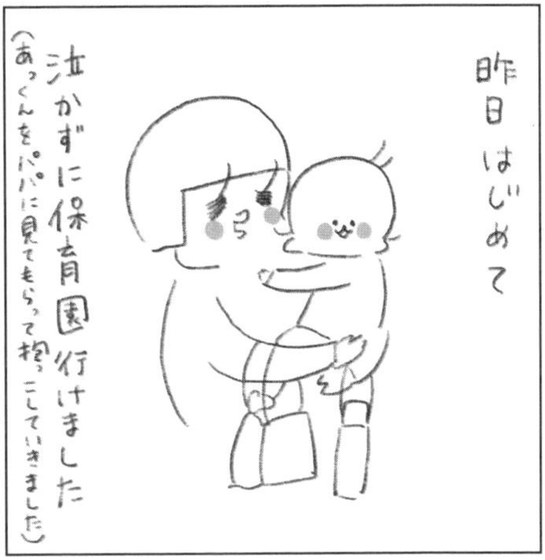
昨日はじめて
泣かずに保育園行けました
（あっくんをパパに見てもらって抱っこしていきました）
1.

昨日はじめて
このハブラシお友達のとおんなじや
自分からお友達のはなしをしました
（いつも聞いても「友達おらん」しか言わなかった）
2.

誰かにとっては普通のことが
私は自己切れするほど嬉しい
3.

5月16日（WED）

慣らし保育以外で泣かずに行ったのはこの日がはじめてでした。私が泣きました

胃腸炎

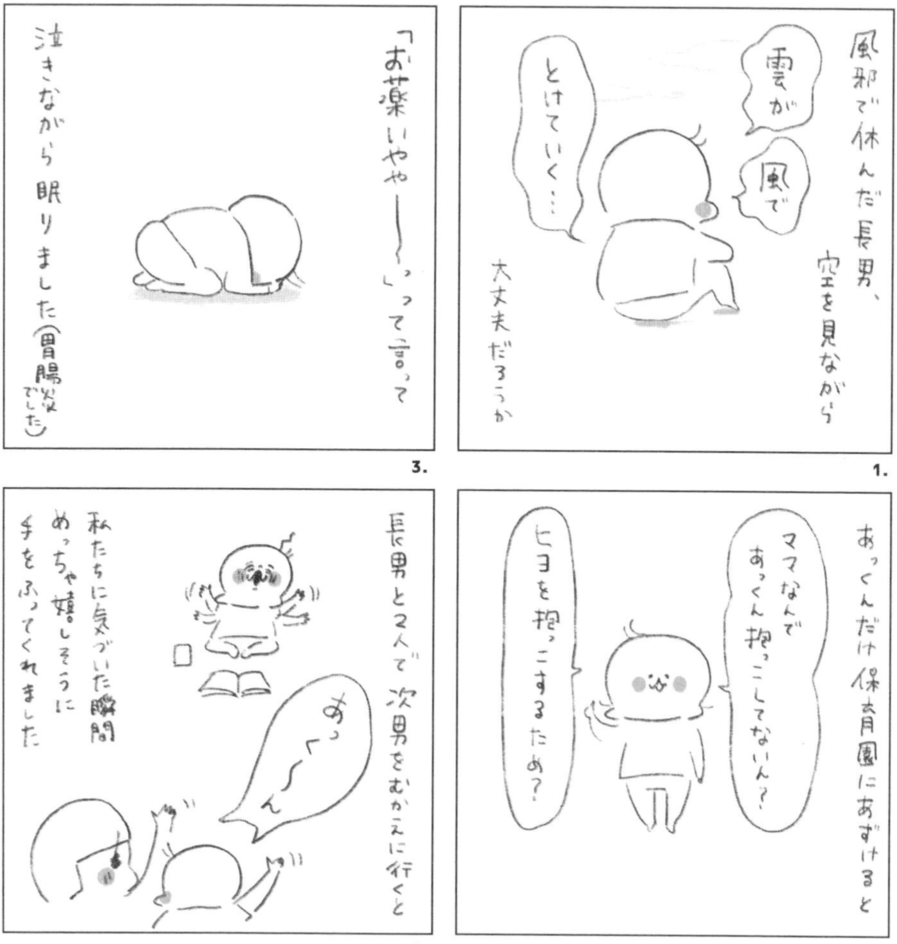
1.
風邪で休んだ長男、空を見ながら
雲が
風で
とけていく…
大丈夫だろうか
2.
あっくんだけ保育園にあずけると
ママなんであっくん抱っこしてないん？
ヒヨを抱っこするため？
3.
「お薬いやや――〜」って言って
泣きながら眠りました（胃腸炎でした）
4.
長男と2人で次男をむかえに行くと
あっくーん
私たちに気づいた瞬間めっちゃ嬉しそうに手をふってくれました

5月17日（THU）

久しぶりに詩人モードの長男。そして次男だけ預けることに罪悪感

念のため今日も休んだけど
もう おなか
いたくねーで
さわってみ

5月18日（FRI）

触ってもわからんよ

パパに嫌なことを言ってしまって
反省してるけど素直に謝れない時
こんな顔をしてました
すなおに
あやまれば いいのに

5月19日（SAT）

珍しくパパと２日も喋りませんでした

息子をお迎えにいくと
ひょこっ
ヒヨくん…
ヒヨくん バイバイ
なぜか ハイレグに しながら
ビーーーム
この光景見られて うれしかった

5月20日（SUN）

声をかけてくれる子がいるなんて…涙

「結婚してくださいますか」って
言ったら
え… ムリやで
白い服 もってないから
断られました
ムリやで

5月21日（MON）

息子の中では「結婚＝白い服」らしい

最近、下の歯を私に見せてくる次男
どや

5月22日（TUE）

しゃくれながら歯を見せてくれます

長男は全く興味をしめさなかった絵本たちを
（数十冊）
お
お
ヒーッ
ヒーッ
引き笑い
パチ
パチ
めっちゃ楽しんで回収してくれる次男

5月23日（WED）

長男は図鑑派です

あっくんをあずけて
バイバーイ!!
と言うと
バイバイしてくれました!!

5月24日（THU）

はじめてバイバイできました！

あっくんちゃーん
クッキーどーぞー
ス…
シュッ
だいたいこうなる

5月25日（FRI）

弟を溺愛してますが、想いは届かず

貧血と立っち

昨日は貧血＆たぶん胃腸炎で
なかなか立てず
夫が家事育児をしてくれて
I LOVE YOU が止まりません大好き

1.

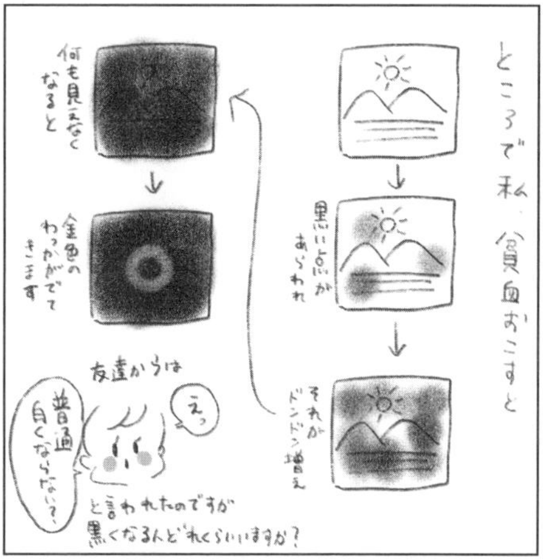
ところで私、貧血おこすと
黒い点があらわれ
それがドンドン増え
何も見えなくなると
金色のわっかがでてきます
友達からは
普通白くならない？
えっ
と言われたのですが
黒くなるんどれくらいいますか？

2.

ふと次男を見ると
普通に立っててビックリしました
体悪いんか
コード
うそやん

3.

5月28日（MON）

胃腸炎と貧血で立てなくなりました。そのタイミングで次男が初立っち

泣かないと決めた日

昨日、保育園から帰った息子が
ねえ
ママ
もうヒヨ 保育園 泣かないで行くわ
とつぜん 自分から 宣言しました
1.
そして今朝 (今日はパパがつれてってくれた)
いってきます
本当に泣かずに行きました。うそみたい…こっちが泣くわ
2.
あんなに嫌がってた運動クラブも
たいそうの先生 かっこいい!!
ヒヨも 先生になりたい
と言ってたらしい
3.
おうちで「たいそうの先生かっこいいの?」と聞くと
え、でも
パパの方が かっこいいけど
パパよかったな
4.

6月 1日 (FRI)

親があれこれ考えても、結局子どもは自分で決めるのだなと思った出来事です

初ディズニーランド

初ディズニーランドでパレードを見た長男
なぜか敬礼してました

1.

ディズニー来て1時間ぐらいで
かえりたくない
もう帰るときのこと想像して泣きはじめる長男

2.

スター・ウォーズのおみやげを買ってもらい
これパパが買ってくれたねん
スタッフさん達にみせびらかす長男

3.

6月 3日（SUN）

実際に帰る時は鬼のように泣いてました。恐るべしディズニーランド

あっくん、お気に入りの先生ができて
みつけると両手を広げて求愛
他の先生に抱かれると嫌がるらしい

6月 4日 (MON)

手を広げながら追い回すらしい

「ママに手紙かいたよ〜」と言うので「読んで〜♡」とたのんだら
宇宙のせいめいたい
ヘルメットは消えてしまう
え、ちょ、まって何の手紙って

6月 5日 (TUE)

何かの予言かな…？

健診にて「うちの子座って移動するんです」と言ったら
そういう子もいますけど…
でも座って移動する子はつかまり立ちも嫌がるんで…
ハイハイのしかたがわからないだけでは…
がんばれ
がんばれ
うぉーん
←この姿勢が苦手な次男

6月 6日 (WED)

寝返りも嫌がるし、うつ伏せが嫌いなのかな

保育園にむかえにいくと
もっとあしょびたかった〜
うえっっく
と言って泣きだしました。
うぴよ———!!
マンモスうれピー

6月 7日 (THU)

こんな日が来ようとは…!!

研修できてる男の先生にめちゃくちゃなついた次男
その先生が行くとこ行くとこぐるぐるまわって追ってたらしい

6月 8日（FRI）

好きな人にはアプローチする次男

なんか弟をジーっと見てる兄
おちた
ひろた
ママー！ あっくんが自分でひろったー
しゅごーい♡
テッテレー

6月 9日（SAT）

観察したくなる気持ちわかるよ！

次男 11カ月になりました
あぱ
あ
指さしをする
だ
手をたたこー
気がつけば立ってる率高め
バン
バン
マネをする

6月 11日（MON）

あと１ヵ月で１歳だなんて！　早すぎる！

長男に「お友達の名前教えてー」と言うと
ヒヨ
○○ちゃん好きやねん
ふあ〜

6月 13日（WED）

予想以上の答え〜!!

地震

6月18日（MON）

地震が起きた時の対策の常識って年々変わるから、いざという時迷ってしまいます…

長男が給食作る人に
ねえねえ
きゅうしょく
おいししゅぎるんやけどー!!
って言ってるらしいです

6月19日（TUE）

給食さん、私からもありがとう

次男
テト....テト....
2歩ほど歩きました

6月21日（THU）

手がキョンシーみたいで可愛い

給食中の
会話だそうです
(先生に聞いた)
先生
なんでヒヨのとなりなの? ヒヨのこと好きなの?
うん
そうやで
ヒヨも好き

6月23日（SAT）

りえも好き♡

泣かずに保育園にいった日は
園長
先生
ヒヨくーん すごーい
あら えらいね——
母
がんばったね
えらいなー
先生2
近くのカフェの店長
えらいから おかし あげるなー
ヒヨ 泣かなかってん
泣かないだけでこんなにほめられてうらやましい…

6月24日（SUN）

私も泣かずに家事したから褒めてほしい

ボーッと近所を歩いてると
あっヒヨくんのお母さーん
(あと髪の毛ちゃんとしないと)
小さい子に声をかけられることが増えました(変なことしないよう気をつけよ)

6月26日(TUE)

髪ボサ&部屋着で歩くのやめました

長男を保育園にむかえにいくと
みてー
新しいくちゅ
あのね…アンパンマン
(のバッグ)
ヒヨは
ターミネータ
?→
買ってもらったものを自慢してくる園児たちがめちゃくちゃ可愛いっっっ

7月 2日(MON)

嬉しいんだよね〜わかるわかる!

あっくんの忘れものを届けにいくとちょうど散歩の時間で
あー
あっくんのお母さーん
ガラ
ガラ
しばらく気づかず
……
ものごっっつ可愛かった…!!
「手をたたきましょう」の歌をうたうと
て〜を〜 た〜た〜 き〜ま〜しょ〜♫
パチ
パチ
わ〜らい ま〜しょ〜♫
アッハッハッ
声にならない声

7月 3日(TUE)

保育園のお散歩のあの手押し車、めちゃくちゃ可愛くないですか?!

手足口病

長男が手足口病で朝一で病院へ
もう大丈夫そうですね〜
お注射してほしい
ヒヨはお注射してほしい
何を言いだすんだ

1.

診察中も超ゴキゲン
手〜を〜 た〜た〜 き〜ま〜 しょ〜
保育園を休めると思ってるらしい

2.

お医者さんから「保育園いってもいいよ」と言われてテンションがだだ下がり
わかりやすいな〜
あっははは ははははは
お医者さん
ズルズル

3.

バナナは食べる次男
ふん

7月 4日 (WED)

泣かずに通園するようになっても、やっぱり休めた方が嬉しいようです

次男
泣くときも
（いったん天をあおいで）
土下座スタイルになる
おおおおお

笑う時と同じスタイル

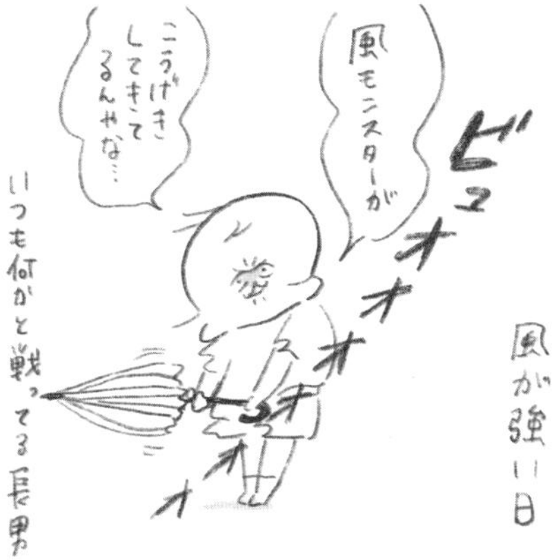
こうげきしてきてるんやな…
風モンスターが
ビュオオオオオオ
風が強い日
いつも何かと戦ってる長男

傘が剣に見えてきたよ…！

7月XX日（XXX）

次男
きゃー
笑いすぎると
ヒー
ギー
土下座スタイルになる
（足どうなっとん）
上から見た図

めちゃくちゃ笑ってくれます

あっくんなんでヒヨのこと好きなん？
可愛いからっ
キャー

好きっていう前提

ハッピーバースデーあっくん！

あっくん1才になりました。
HAPPY BirthDay

1.

1年前に あっくんが 産まれた時刻りに
マラームをかけて 鳴った瞬間に
おめでとう!!

2.

7月10日（TUE）

あっという間の１年。次男が笑うと家族みんなが笑う、平和の象徴のような存在です

テレビの人が
バイバイすると
「ウェイ」と
返します。
パリピか
バイバーイ
ウェイ
ス…

「保育園、たのしい！」

あんなに毎日泣いてた長男が
ヒヨは自分で制服きられるしー
くつ下はけるしー
ボタンとめられるしー
お山座りできるしー
今週は毎日笑いながら登園してます

1.

「保育園たのしい？」と聞くと
○○先生しゅき
○○くんかっくいー
給食さんもしゅきー
カサ
カサ
↑給食のおばちゃんのこと

2.

1カ月前は保育園のことを聞いただけで
友達おらん
先生キライ
うわあああ
号泣だったのに…!!

3.

目があうとふりふりしてくれる
目があうと
だ
だ
ふり
だ
ふり

7月 11日 (WED)

あんなに泣いてた長男が笑顔になる日が来るなんて！　先生やお友達のおかげです

次男が急に
めっちゃ歩きだしました
（それまでは2.3歩
調子よくて5歩くらい）
ペタ
フラ…
フラ
今朝は20歩

7月13日（FRI）

手に何か持つとよく歩きます

保育園に長男をむかえにいくと
こんにちは
○○○のです!!
自分のフルネーム
はあ
好きな子の母親にあいさつしてた

7月14日（SAT）

外堀から固めるタイプ

好きなんにくっつきたがる次男
ピト…
お兄ちゃんの背中
ピト…
パパの足の上

7月15日（SUN）

こういうとこトンちゃんに似てます

長男　とびひで保育園休み
（他の子にうつるから）
ねむい
ずっと寝ています…

7月18日（WED）

プールでうつったみたいです

今日も休みの長男（とびひ治らず）
ヒヨ お米大好きだから〜 お米作る人なるわー
そして優しい恐竜は草を食べる
後半なに言ってるかわかんないけどお米はいいね

7月19日（THU）

ママもお米大好きだからそうして

次男 くつ下を 足にあてる

7月20日（FRI）

足に使うものらしいことはわかってる

ベランダで月を見ながら
ムーンは風船じゃあないんだよ
パチンと割れないからね
ルー大柴と詩人が同居してる長男
次男にごはんをあげる長男
あっくんちゃんあーーん
おいしい？
カパッ
おいしいって〜

7月21日（SAT）

体調崩すと詩人になりがちです。そんな時も次男の面倒見てくれて助かる

照れる長男

スーパーで同じクラスの子とバッタリ
えっなにその顔

1.

その後
こんにちはって言わんくていいの？
と聞くと
もう言わんとって
その感じわかるよ…!!
もう聞かんとく

2.

7月22日（SUN）

そういえば私も小さい時はクラスの子に外で会うとめっちゃ照れてたわ…

次男
オムツを
股にあてる
パア

プールバッグを持ち歩く次男
何かのフタ
バイバイして
どこかへ行く
ズルズル

7月23日（MON）

商店街のおばちゃんみたいです

「いないいないばあ」をしてくれる次男
ばあ
ビックリ
わあ
ばああ
さらに顔をつきだす

7月24日（TUE）

1歳過ぎてからの成長が著しい

どうしてセミは1週間しか生きられないのに
大きな声でなくの？
だんだん質問の難易度があがってきてます…
んっ？えー…あはは

7月25日（WED）

生き物に興味が出てきたようです

おたんじょうびに保育園からもらった色紙を
ときどきながめては
自分の写真を指さしてうれしそう

7月26日（THU）

嬉しかったんだねぇ

アンニュイ女子

息子のそばにいつもいる
ヒヨは強いねん
ボソ
ロボットやもんね…
アンニュイな女子（基本小声）
1.
アンニュイ女子と長男
ヒヨ長ぐつはいてきたねん!!
ボソ
今日…雨ふってへんけど…
だよねー
2.
なぞ多き アンニュイ女子
うちは…子どもが…
3人おる…
少しずつ 生い立ちを明かしてくれる
3.
ビーム
出るようになったよー
出るようになったようです

7月28日（SAT）

この前は長男が「夕飯ハンバーグやねん」って言ったら「…ずるい」って返してました

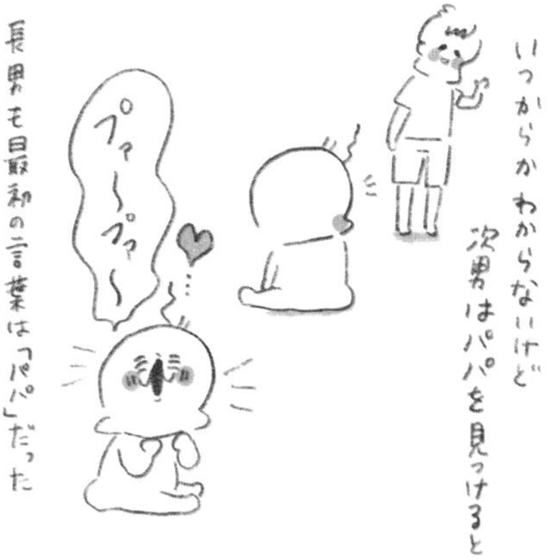
いつからかわからないけど
次男はパパを見つけると
プァ〜プァ〜
長男も最初の言葉は「パパ」だった

長男も次男も最初の言葉は「パパ」

8月 1日 (WED)

バイバイと言うと
バッバーイ
とこたえた!(1才16日)

感動してすぐ日記に書きました

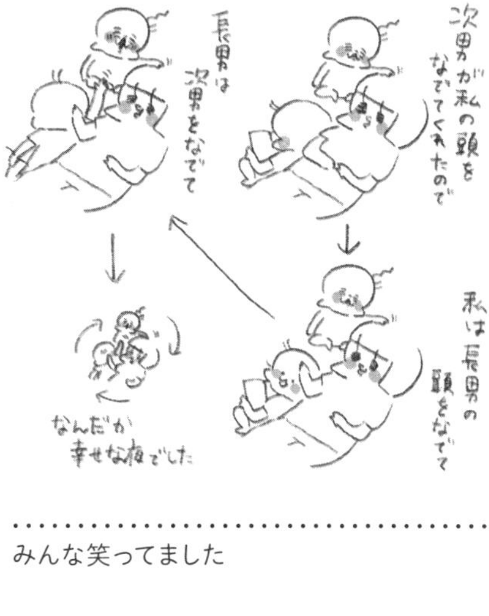
次男が私の頭をなでてくれたので
私は長男の頭をなでて
長男は次男をなでて
なんだか幸せな夜でした

みんな笑ってました

ハッピーバースデーヒヨくん！

先月、弟のたんじょう日の時は
らいげつは
ヒヨがたんじょうびやねん
エヘン
こんな感じで
ヒヨはココから
ココ
ココまで大きい!! だから４さい
ココ
こんな感じだったから誕生日が楽しみなのかと思いきや…
保育園の先生から「おたんじょうびおめでとう!」って言われると
おめでとうって
言わんといて…
モジ
モジ
恥ずかしいのだろうか…

8月 3日 (FRI)

もう４才だなんて！　繊細で照れ屋で泣き虫で、優しい長男。これからもよろしくね

子育ての効能

この1コマ日記を
描きはじめた時
長男は2才で
次男はまだ
おなかの中に
いました
今はもう
4才と1才です
（ビジュアルあんまり変わらんけど）
本当に
あっという間でした
赤ちゃん返りしてた
長男が
キライ
ベチ
ベチ
今では次男の
お世話をしています
あっくん
そっち
あぶないで

この本の描き下ろしを
描く前に
過去の息子たちの
動画を見返しました
当時の気もちを
思い出すためです
すると
記憶の中では
一番キツかった
産後1ヵ月間の動画には
想像よりずっと
幼い長男と
小さく儚《はかな》い次男が
映っていました
ああ こんなに
ママ
おちゃちゃ
ちーちゃー
ねーー
あぐ
うー
可愛かったんだなあ
当時の私はそれに
気づけていただろうか

もっと息子たちの
声をききたくて
音量を最大にすると
ふふふ
ふふ
どの動画にも
ママ〜
あぐー
あはは〜
私の笑い声が
入っていました
ふふ
ころんじゃった
こっちきてー
ははははは
ははあはは
これ見てー
ねえママー
んふっふ
あぶぶ
あはははははは
ふふっ
ふふ
なんだかそれで
十分な気がして
考えるのをやめました
まいっか

そして
この絵日記を
読み返してみると
編集さんが
プリントしてくれた
「ああこの時セミが
鳴いてたなあ」とか
テレビから流れてた
音楽とか
その時の気温や
湿度まで
いくつものシーンが
鮮明に思い出されて
毎日が本当に
愛おしくて
少しも逃したくないと
思っている
自分がいることに
気がつきました

子育ては
とてもとても大変で
ちょ
まって
まだ体
ふいてないっ
たーーっ
それに嘘は
ないんだけれど
大変だ
大変だ
ちょっと
まってってば
って
言いながら
実際には
それ以上に
ムギー
笑うことも
増えているような気がします

楽しい時も　しんどい時も
いつもそばにいたことを
いつかは息子たちは
きれいサッパリ
忘れてしまうかもしれないけど
それでもいいや
お母さんはなるべく覚えとくね
あ、もし、
忘れそうになったら
この絵日記
読み返しますね
ホホホ
おしまい

お母《かあ》さんは心《しん》配《ぱい》症《しょう》!?
ヒヨくんあっくん育《いく》児《じ》日《にっ》記《き》

発行日　平成30年12月10日　初版第1刷発行
平成30年12月25日　第2刷発行

著　者　やまもとりえ

発行人　辻《つじ》 浩明《ひろあき》

発行所　祥伝社《しょうでんしゃ》
〒101-8701
東京都千代田区神田神保町3-3
☎ 03(3265)2081(販売部)
03(3265)1084(編集部)
03(3265)3622(業務部)

印　刷　図書印刷
製　本　ナショナル製本
デザイン　佐藤亜沙美+芦沢沙紀(サトウサンカイ)

ISBN978-4-396-61674-8 C0095

Printed in Japan
祥伝社のホームページ　http://www.shodensha.co.jp/